# プライバシーという権利

——個人情報はなぜ守られるべきか

宮下 紘
Hiroshi Miyashita



岩波新書
1868

# はしがき

## プライバシーの権利に正解はない

本書『プライバシーという権利』は、この権利の本質を理解し、プライバシーの保護に関連する法制度について冷静に考えることを目的としています。

毎年一月二八日は、データ・プライバシー・デーとされており、プライバシーを祝う日となっています。この背景には、プライバシー保護に関して現在のところ世界で唯一拘束力を有する条約である欧州評議会第一〇八号条約が、一九八一年一月二八日、フランス・ストラスブールにおいて採択されたことにあります。

データ・プライバシー・デーは、二〇二一年で四〇周年を迎えました。欧州評議会は、この四〇周年記念を祝うため、プライバシーに関する、世界各国の専門家四〇名からのビデオメッセージを紹介しました。欧州評議会から依頼され、日本からは私がビデオメッセージを送りました。その一節を日本語にしたものを紹介します。

「データ・プライバシーは普遍的な権利ですが、これまで一度も一つの変わらぬ形になったことがありません。だからこそ、データ・プライバシーを語ることはそれだけ困難であり、また同時に魅力的であるのです」

ここで述べたように、本書はプライバシーの権利とはこういうものだという一つの正解を導き出すような安易な本でありません。また、筆者にそのような能力もありません。本書は、プライバシーを権利として保護するという普遍的かつ継続的な主題について、読者が考え抜くための素材をできる限り提供することにしています。

## 一歩深いところから考える

プライバシーを論じるにあたり、歴史的な節目はいくつかあります。一八九〇年、サミュエル・ウォーレンとルイス・ブランダイスが『ハーバード・ロー・レビュー』に公表した「プライバシーへの権利」という論文。そして一九六三年、伊藤正己による『プライバシーの権利』(岩波書店)という著書。一九七〇年、ドイツ・ヘッセン州のデータ保護法の成立。一九八〇年、OECDプライバシーガイドラインの採択。そして、欧州評議会第一〇八号条約。その後に続くプライバシーをめぐる動きは、選びきれないほど数多くあります。

どのようにしてプライバシーの権利が生成され、法制度が整備されてきたのか。このことは、変化の動向があまりに速く大きいため、しばしば等閑に付されることがあります。しかし、プライバシーをなぜ保護しなければならないのか、個人情報の保護とはいったいどういうことなのか、このような素朴な疑問を抱く読者も多いでしょう。

本書の主題は、ある意味では、地味なものかもしれません。しかし、プライバシーの権利がどのように生成し発展してきたのかを知らずに直感で語れば、議論は感情論に流されかねません。何がプライバシーとして守るべきものであるのか、その権利の内実を明らかにし、そしてこの権利を取り巻く法制度を正しく理解することが、感情論の克服につながるはずです。プライバシーについて各人が異なる世界観を抱いている以上、好き嫌いを超えて、他者の異なる意見に謙虚に耳を傾けることが何よりも大切な心構えとなります。

また実は、プライバシーの権利への理解は、新たな技術の発展や革新をもたらすことになります。一見すると、プライバシーや個人情報の保護は、データを用いた経済活動や革新にとっての障害となるという短絡的な見方も成り立ちます。しかし、これまでの日本のデータビジネスの失敗例の原因は、プライバシーや個人情報を適切に保護していなかったことにありました。

そもそも人間は、プライバシーを無視したサービスや個人情報の漏洩《ろうえい》を気にしない組織に対して信頼をおきません。無料のサービスであると宣伝しておきながら、企業が各人の貴重な経験をタダで入手するのが近年みられる監視ビジネスです。人間を、個人データを生み出す商品として扱い、そこから得られた利益を搾取し、行動を操作するようなデータビジネスは、いずれ利用者からの信頼を損ねることになります。プライバシーが適切に保護されているからこそ、初めて人間は自らの個人情報を提供するのであり、この信頼関係の上にデータを扱うビジネスは成り立つのです。プライバシー保護は、データビジネスの前提をなしているのです。同じことは、国や自治体の個人情報を扱う業務にも当てはまります。

多くの実務的課題は、プライバシーや個人情報保護の解説書を読めば解決するでしょう。しかし、本書は、それよりもさらに一歩深いところで、なぜプライバシーの権利は保護されなければならないのか、個人情報保護法はそもそも何のためにあるのか、といった根本的な問いを扱うこととしています。このように、一見すると遠回りにも思われるかもしれませんが、本書はプライバシーの権利の核心に迫ることで、この権利の法的性格を明らかにし、プライバシー保護に関連する法制度の目的を再確認していこうと思います。

## 本書の構成

このような問いを設定した上で本書は、プライバシー権をもっぱら規範的に抽象的に論じることを避けることとしています。実際、一世紀以上にわたるプライバシー権論争が決着をみないのは、現実の問題を離れてプライバシー権をただ美しい言葉で規範的に定義づけすることばかりに傾注してきたからだと指摘されてきました。そこで、プライバシー権の規範的意義を自覚しつつも、国内外の立法や判例の動向を丁寧にフォローし、できる限り実証的にプライバシーの権利の法的性格を明らかにすることを心掛けました。その意味で、本書は、現在のプライバシー権の到達点を示すことも狙いとしています。

本書の概要は次のとおりです。第1章では、プライバシー権を考える視点を提示します。プライバシー権が人格発展に必要であるという意味について、そしてプライバシー権の保護が民主政の前提条件となっている意義について、具体的な事件を手掛かりに解説します。

第2章と第3章は、それぞれプライバシー権と個人情報保護法制の概要を記述しました。読者の中には、これらの章がやや平凡で退屈に感じる方もいるかもしれません。ですが、プライバシー権の現在地を記すために、このような形式を採っています。具体的な問題に直面した読者が、プライバシー権や個人情報保護法制の基本に立ち戻ることができるよう心掛けました。残念ながら、プライバシー権と個人情報保護法制の基本から全体像までを示してくれる新書は、ほかにありません。

日本では個人情報保護をめぐって「過剰反応」ともいえる誤解がときに見られます。これは、「権利の章典」である個人情報保護法についての理解が不足していることが一因となっています。このような誤解を生む構造についても、第2章と第3章では説明しています。

第4章では、アメリカとヨーロッパとの違いを論じます。法制度の違いは単に条文の差異から生じているわけではありません。政府からの個人の「自由」という理念に立脚してプライバシー権を保障してきたアメリカと、データによる人間の支配への抵抗という、人間の「尊厳」の思想に根ざしたヨーロッパ。両者の間に見られるプライバシー権の思想の距離を示します。

第5章では、プライバシーと個人情報をめぐる現代的な課題について、監視、身体、市場、そして番号に関連するプライバシー権を素材として扱っていきます。

## 個人情報保護とプライバシーの関係

なお、本書でも注意喚起していますが、プライバシーと個人情報はそれぞれ異なる概念です。そして、日本の現在の個人情報保護法は、プライバシー権そのものを保護の対象としているわけではありません。

それでも、本書がプライバシーという権利にこだわっている理由は、守るべきプライバシーの権利の輪郭を明らかにすることなしに、個人情報保護法を論じることが困難であるためです。このことは、ビッグデータや人工知能（ＡＩ）という新たな技術的課題がもたらした脅威を考えるにあたり、いっそう重要な視点となっています。

結局のところ、個人情報保護法の目的である本人の権利利益の保護が、本来はプライバシーの権利と不可分の関係にあります。プライバシーの権利を考えることは、同時に個人情報保護の権利の理解にも役立ちます。そして、個人情報保護に関連する実務的課題についても、プライバシーの権利の核心を明らかにすることでより効果的に対処できると考えられます。

このような理由から、本書を『プライバシーという権利』と命名しました。

# 目次

# 第1章　プライバシーはなぜ守られるべきか

## 1　ケンブリッジ・アナリティカ事件の衝撃

### 個人データが政治を動かした

プライバシーとは何のためにあるのでしょうか。

プライバシーが保護されるべき理由は、各人の私秘性を保ち、人格発展に資するからである、としばしば説明されます。しかし、プライバシーの保護は公共性の維持にも貢献すると考えられています。プライバシーとは、単なる「私」の保護にとどまるものではなく、「公」の創造にも資するものなのです。

そのことを示す象徴的な出来事がありました。それが、ケンブリッジ・アナリティカ事件（FB＝CA事件）です。世界中のフェイスブック利用者の最大八七〇〇万人の個人データが、選挙活動のコンサルティングを行うデータ分析会社であるケンブリッジ・アナリティカなどへと流され、選挙活動に利用されました。この事件は、個人データの搾取による民主主義への挑戦として捉えられました。

個人データに基づく投票行動の操作実験は主に、二〇一六年に行われた二つの選挙、すなわちＥＵ離脱をもたらしたイギリス国民投票と、トランプ前大統領が当選したアメリカ大統領選挙において行われました。その他にも、二〇二〇年一月に公表された資料によれば、六八カ国における選挙活動にケンブリッジ・アナリティカが関与していたとされています。幸い日本はこの中には含まれていませんでしたが、日本でも実際にその被害者となりうるフェイスブックのアプリ利用者が約一〇万人も存在しました。決して対岸の火事で済まされる問題ではありません。

元ケンブリッジ・アナリティカ研究員として内部告発をしたクリストファー・ワイリーは、欧州議会の公聴会において、ＥＵ離脱をめぐるイギリスの国民投票においてフェイスブックの個人データを悪用した「でっちあげ」があったことを認めています。ワイリーは、「ケンブリッジ・アナリティカにより作られたデータターゲット技術とアクターネットワークがなければ、イギリスのＥＵ離脱は起きなかったと信じている」と証言しました。イギリスのＥＵ離脱派の政治団体を率いた一人であるアーロン・バンクスが「ＡＩが離脱を成功させた」と公言した背景には、データを駆使して投票行動を操作した自信の表れでもあるとみられます。

ケンブリッジ・アナリティカなどのデータ分析会社は、一定集団の投票行動の予測とは異なり、「マイクロターゲティング」という分析手法を用いてきました。これは、個々の投票者のフェイスブックの投稿履歴や友達などを分析し、パーソナライズされた広告を配信するなど、特定の投票者の行動をターゲットにするものでした。一人のフェイスブック利用者による平均六八の「いいね！」の履歴から、白人か黒人であるかは九五％、性別は九三％、ゲイであるか否かは八八％の確率で予測することができます。独身か既婚か、喫煙の有無、飲酒の有無、宗派（キリスト教かイスラーム教か）といったことまで予測が可能です。その個人がアメリカの民主党支持か共和党支持かについても、八五％の確率で予測ができるとの結果が示されています。[1]

一連の経緯を暴露した二〇一六年一二月三日の記事[2]によれば、心理学における古典的なＯＣＥＡＮモデルと呼ばれる、公開性（Openness）、誠実性（Conscientiousness）、外向性（Extroversion）、協調性（Agreeableness）、神経症傾向（Neuroticism）の五項目から性格診断をするという手法を用いて、フェイスブックの「いいね！」などから推知された支持政党を含む個人の属性が予測されるに至ったのです。この性格診断テストから得られた情報を細分化し、投票者の住所・居住地区の情報と組み合わせて選挙活動に利用されました。

元ケンブリッジ・アナリティカ社員であったブリタニー・カイザーによれば、ＯＣＥＡＮモデルによって「神経質」と分析された、若い層の女性グループにメッセージを送ったところ、九五％の確率でこれらの女性の関心を三四％高め、投票に影響を及ぼしたとされます。さらにカイザーは、ケンブリッジ・アナリティカがグーグルの検索連動型キーワードにも関与し、利用者が「トランプ」「イラク」「戦争」を検索すると、「ヒラリーはイラク戦争に賛成した。ドナルド・トランプは反対した」が最初に表示されることにも成功したと告白しています。(3)

## プライバシーは民主政の維持に必要

FB＝CA事件では、利用者が予想していた以上に複雑な経路で個人データが流通していました(図1参照)。フェイスブックの個人データは当初、性格診断テストのアプリ開発のため、ケンブリッジ大学計量心理学研究所の研究者に提供されました。この研究者が、最大八七〇〇万人分のフェイスブックの個人データをケンブリッジ・アナリティカなどへと流通させました。ここから、個人データはカナダの選挙コンサル企業 Aggregate IQ へと売却され、EU離脱の広告が、標的とされたフェイスブック利用者に配信されるなどしたのです。EU離脱を主導した Vote Leave が国民投票前に配信した広告の一例をあげれば、「七六〇〇万のトルコの人々がEUに加盟しようとしている」として、(仮にそうなれば)「イギリスの新たな国境はシリアとイラクになる」、といったものでした(図2参照)。

フェイスブック利用者の個人データの流用の発端となった、ケンブリッジ大学が開発した性

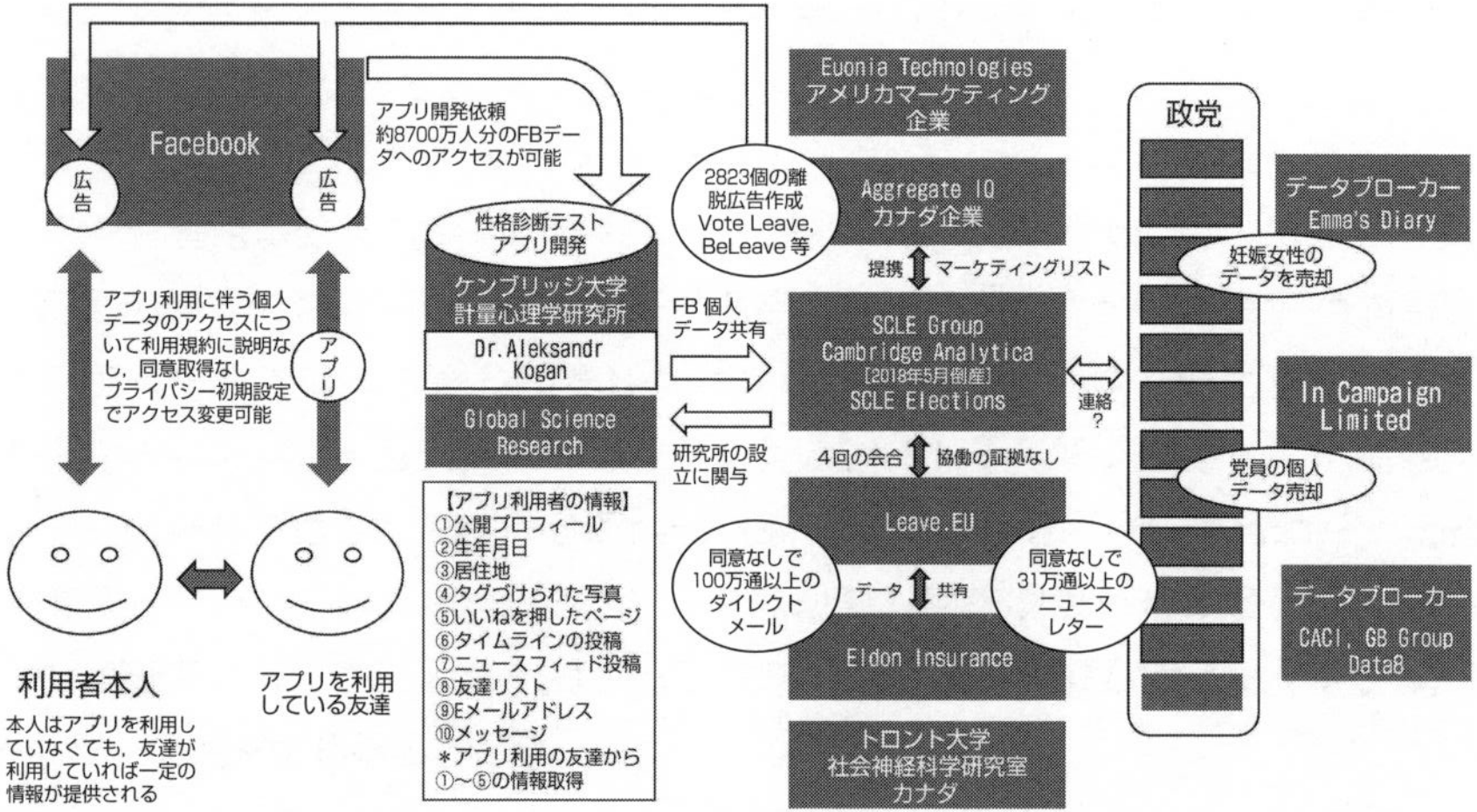


図1　フェイスブック＝ケンブリッジ・アナリティカ事件における個人データの流通経路
ICO, Investigation into the use of date analytics in political campaigns: A report to Parliament, 6 November 2018 に基づき作成

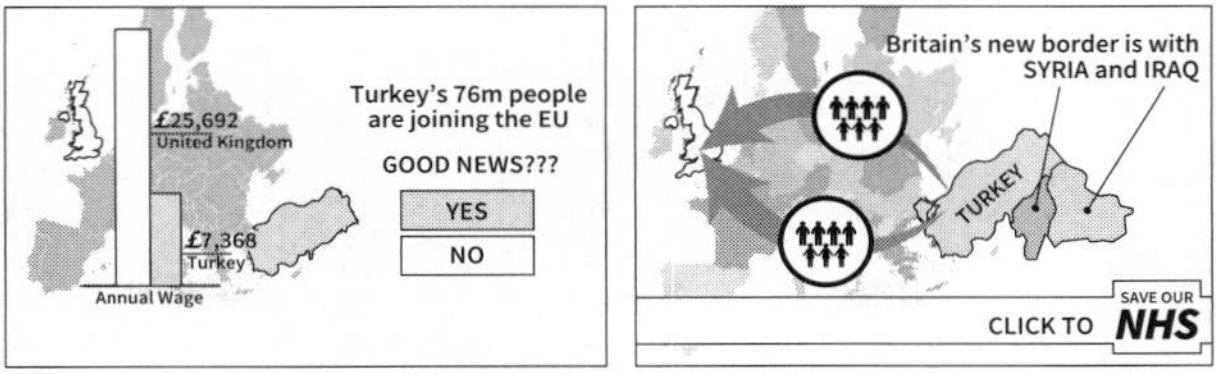


図2　EU 離脱派によって利用者に送信されたフェイスブック広告
シリアとイラクの国境に面しているトルコが EU に加盟すれば，
イギリスの新たな国境はシリアとイラクになるという内容

格診断アプリの利用者において、フェイスブックの個人データは、一〇項目(①公開プロフィール、②生年月日、③居住地、④タグづけられた写真、⑤「いいね！」を押したページ、⑥タイムラインの投稿、⑦ニュースフィード投稿、⑧友達リスト、⑨Eメールアドレス、⑩メッセージ)が収集され共有されていました。たとえ自らが性格診断アプリを使っていなくても、フェイスブックの友達がこのアプリを利用していれば、前記の①～⑤の個人データがケンブリッジ・アナリティカなどに共有されていたのです。これらの選挙活動を目的とした個人データの提供について、フェイスブックのプライバシーポリシーには一切記載がありませんでした。

このように、ソーシャル・ネットワーキングサービス(SNS)の利用者が気軽に投稿した内容や押した「いいね！」が、投票行動を操作するために利用されたのです。個人データが適切に保護されなければ、ターゲットにされた個人には一定の情報が遮断され、当該個人が欲すると推測される情報のみが伝達されることとなってしまいます。これにより、その個人と主義主張を共有するデジタル空間の人々が同調し、異なる主義主張を排除してしまいます。個人データが保護されていないことが原因となり、主義主張を共有する集団の極性化が起こり共同体を分断させるという、デジタル空間がもたらす民主主義への負の側面を反映しているのです。

FB=CA事件について、イギリス情報コミッショナーオフィス(ICO)は、利用者の同意を得ずに選挙活動に個人データを利用したこと、および安全管理措置の義務に違反したことを理由に、調査開始時の法令上の最大額である五〇万ポンドの制裁金を科しました。アメリカでも連邦取引委員会が、第三者の開発者と個人情報を共有するという欺瞞的な設定の改善などについての二〇一二年同委員会命令に違反したとして、五〇億ドルの制裁金を科しています。FB=CA事件を受けて、欧州データ保護監督官(EDPS)は、二〇一八年三月にオンライン操作と個人データに関する意見を公表し、個人データに基づき投票行動を操る技術がデジタル空間を搾取しようとしていると指摘しています。マイクロターゲティングは、個人の支持政党という内心を探り当てるだけにとどまらず、投票行動そのものにも影響を及ぼしています。FB=CA事件の教訓として、個人のプライバシーの保護は健全な民主主義の不可欠な要素をなしていることを看取することができます。

## 2　プライバシーとは何か

### 「些細な」データはもはや存在しない

「自動データ処理という状況の下では、「些細な」データはもはや存在しない」

これは、一九八三年にドイツ連邦憲法裁判所が国勢調査法の一部を違憲無効と判断した判決(4)の中の一文です。

現代の技術を用いれば、些細なデータだけからでも、一定の個人像を浮かび上がらせることができてしまいます。さらに、その個人に狙いを定め、心理的圧迫を与え、行動に影響を及ぼすことすらできるのです。しかし、各人の人格を索引や目録のようなデータとして扱うことは、どこか人間の尊厳と相容れないところがあります。そのことは歴史が証明しています。

ナチスのユダヤ人大量殺戮は、個人情報と深く関係していました。ナチスは国勢調査という名目で、ＩＢＭからパンチカード読み取り機を購入し、個人情報を収集して分析しました。パンチカードとは、厚手の紙にあいた穴の位置で情報を記録するメディアです。エドウィン・ブラック『ＩＢＭとホロコースト』(5)によれば、60列×10行からなるパンチカードを利用して職業、住居、出身国などの単純な情報を相互参照し、ひたすら選別を繰り返す過程でユダヤ人の存在を明らかにするという、死の計算作業が行われました。たとえば、列22の宗教には行3のユダヤ人があり、それに該当する人々を調べると、ベルリンで最もユダヤ人が集中しているのはヴィルマースドルフ地区であり、約二万六〇〇〇人の教義遵守ユダヤ人が、同地区の人口の一三・五四％を占めているという結果が出てきました。さらに、列22・行3でユダヤ人とされた者と列27・行10でポーランド語を話す者を相互参照し選別することによって、ナチスはユダヤ人の中から誰を最初に資産没収、逮捕・拘禁、そして最終的に駆逐の標的にするかを決めることができたのです。

収集されたのは職業、住居、出身国といった「些細な」データだけです。しかし、その「些細な」データが、ユダヤ人の大量殺戮という人類の歴史における最大の汚点をもたらしたのです。アウシュヴィッツ強制収容所では、この国勢調査の犠牲となり収容されたユダヤ人の髪、目、皮膚の色などの身体的特徴も管理されていました。ナチスがヨーロッパ中を逃げ回るユダヤ人を見つけ出し、強制収容所における大量殺戮を実行した背景には、「些細な」データの存在があったのです。

プライバシーは公共の安全にとって無用の長物にすぎず、むしろ危険な人物を解放する道具となりかねない、と主張する人もいます。しかし、ナチスによる個人情報の濫用は、そのような発想がいかに短絡的であるかを証明しています。このような苦い歴史が、ドイツの個人データ保護法のマグナカルタと呼ばれる国勢調査法判決を生んだのです。

ドイツの個人データ保護法の解説書には、"Datensparsamkeit"という言葉が散見されます。ドイツ特有の概念で、この言葉に相当する日本語や英語はありません。あえて訳せば「データの倹約」となります。目的に不可欠なデータのみを収集し、できるだけ必要最小限のデータを利用しなければならない、という意味です。データは石油のように掘れば掘るほど出てくるものと考え、使えるデータはなりふりかまわず使おうとするデータ中毒者に対して鳴らすべき、歴史に裏付けられた警鐘の言葉です。

## プライバシーと個人情報保護との関係

ＥＵ基本権憲章において、私生活尊重の権利（第七条）と個人データ保護の権利（第八条）は、いずれも基本権としての性格を有しています。この基本権としての性格があるからこそ、ＧＤＰＲ（一般データ保護規則）と呼ばれる、ＥＵの厳格な個人情報保護法制が存在するのです。

では、プライバシーに関する私生活尊重の権利と個人データ保護は、どのような関係にあるのでしょうか。

私生活尊重の権利は、プライバシーに象徴される私秘性を保護の対象とするのに対し、個人データ保護の権利は、公開されたデータや「些細な」データであっても保護の対象としています。さらに、私生活尊重の権利は、古典的な私生活の平穏への干渉が問題となるのに対し、個人データ保護の権利は、収集・利用・共有・消去の一連のプロセスにおいて必要な目的に比例しているかどうかが争点となります。

しかし、通信履歴の保存期間の限定に関する訴訟において、EU司法裁判所は、私生活尊重の権利と個人データ保護の権利の二つの権利の侵害となりうることを示すなど、必ずしも両者は厳密に分離されているわけではありません。EUの専門家の間でも、両者の関係を明確に整理しきれておらず、両者は異なる部分があるものの重なり合う相互補完的権利である、という理解が一般的です。

アメリカをはじめとするアングロサクソンの国では、個人データの領域においてもプライバシーという言葉が一般的に使われてきており、個人データ保護を包含する場合があります。そのため、立法名や監督機関名にプライバシーという言葉が用いられてきました。

日本では、プライバシーと個人情報がそれぞれ異なる言葉として存在するように、一応の区分をすることは可能です。しかし、講学上、プライバシー権から個人情報保護の権利を独立させて捉えるのは現在の日本では一般的ではなく、両者は完全に分離されていません。本書も、第2章でプライバシー権について、第3章で個人情報保護についてそれぞれ論じることになりますが、そのような経緯を踏まえ、総括的に「プライバシーの権利」として扱うこととします。なお両者が未分離であると言いましたが、逆説的に日本の個人情報保護法制は、プライバシー権との距離を意識的にとっていることについても、注意しておく必要があります。

## プライバシーは人格発展に不可欠

政治の領域と私的領域を対比させ、プライバシーというシェルターに身ごもることの有害さを論じたのはハンナ・アレントでした。プライバシー(privative)は、もともと欠如しているという意味であり、そのことから、真に人間的な能力さえ奪われ、他人にとっては意味も重要性もない存在を指していると説明されます。もっとも、アレントが近代の個人主義によりプライバシーの内実が著しく豊かに発展したと論じているように、政治の領域と私的領域が相互にからみあっている中で人間が道具や手段になることはなく、究極目的として存在していることには留意する必要があります(6)。

このように、プライバシーを考えるにあたり、人間を手段ではなく目的として捉えるカント的発想は重要になります。

特に、現代の最先端技術の多くは、本来ひとりひとり異なる存在を、一定の類型にはめ込んで評価の対象とすることに傾注してきました。AIによる評価、顔認証による類型化、またインターネットの閲覧履歴に基づくおすすめ商品の提示などにみられるように、データは、しばしば個人をデジタル・アイデンティティの囚人へと強制的に追いやります。すなわち、個人を脱人格化させた上で、一定の指標に基づいた個人像をデジタル空間において作り上げるのです。デジタル空間においては、そこで作り上げられた個人像が、生身の人格発展に影響を及ぼすことが決定的な問題となってきます。

プライバシーが人格の自由な発展にとって不可欠であると考えられるのは、このような自我の造形への不当な干渉を排除する必要があるからです。

プライバシーの必要性を裏付ける単純な回答の一つは、人間を動物と区別するため、というものでしょう。創世記の冒頭がイチジクの葉で裸を隠す行為から始まるように、私たち人間は公共空間では衣類を身につけて行動することとされています。これは、訳もなく裸を他者に見せる行為は恥ずかしいことであるという人類共通の理性であり、この羞恥心は動物にはないと考えられます。すなわち、古典的な意味において、プライバシーとは「恥」を隠すための人間の品位を保つための営為であるということができます。

ただし、より現代的な視点から考えると、話は複雑になってきます。私たちがプライバシーを侵害されたと感じるのは、羞恥感情に影響を及ぼすときに限られるわけではありません。たとえ衣類を身につけていても、たとえば電話の内容を無断で聞かれたり、メールを勝手にのぞき見られたりするとき、プライバシーが侵害されたと感じることでしょう。

もちろん、電話やメールの内容のすべてが恥ずかしいものというわけではありません。すると、プライバシーの保護の対象となるのは「恥」にとどまるものではなく、各人のあらゆる属性としての自我、より法的な言い方をすれば「人格」なのだと考えられます。

すなわち、各人の言動はそれぞれの生き方を映しだしており、各人に関する情報はそれぞれの「人格」の一部をなしているのです。そのため、他人にみだりに干渉されず、独りにしておいてもらうことが、人間には必要です。

「独りにしておいてもらう」とは、文字どおり物理的な居場所を確保するということを意味するとは限りません。自己に関する情報を自ら整理し、人格を造形するための反芻プロセスも、プライバシーの一部として捉えることができます。すなわち、プライバシーは心の静謐に宿り、自我と向き合う時間を必要とします。プライバシーは、集合の中に埋もれさせることができず、データとして記録にも留めることができない、他からの判断や評価からの自由な圏域を意味しています。その限りにおいて、プライバシーは、秘密を隠すことというよりは、人格の自由な発展に関連する情報を自らの管理下に置くことを意味します。

そのため、プライバシー保護は、単なる守秘義務とは異なります。プライバシー保護は情報管理を通じて、他者との布置関係を本人に構築させる契機を与えています。このことはアメリカではいつ、どの程度自らの情報を他者に開示するかを決定する権利としての「自己情報コントロール権」と呼ばれてきました。これに対し、ドイツ的な発想では、情報のコントロールに主眼を置くのではなく、人格発展のプロセスに付随する様々な情報を自らの自己決定にかかわらしめる「情報自己決定権」という名称が広く使われてきました。両者の違いは単なる用語論にとどまるものではなく、根底にある思想の差異を反映しているものと考えられます(詳しくは、第4章で論じます)。

## 3 プライバシー権を考える視座

## プライバシーとプライバシーの権利

プライバシーそれ自体は、法学、社会学、経済学または工学などの様々な分野において研究開拓されてきました。その中でも本書は、プライバシーを法学の視点から考えるものです。法学では、どのように個人が自らのプライバシーを確保できるか、という権利としての視点と、どのように各組織がプライバシーを保護できるか、という統治としての視点がそれぞれ重要となります。

ここで、プライバシーの権利とは何かについて紹介します。重要なのは、人々が日常生活で使うプライバシーという日本語と、法的承認を受ける価値を有するプライバシーの権利は異なるということです。

阪本昌成は、このことを意識して、プライバシーとは「他者による評価の対象になることのない生活状況または人間関係が確保されている状態」と定義し、プライバシーの権利とは「評価の対象になることのない生活状況または人間関係が確保されている状態に対する正当な要求または主張」と定義づけました(7)。阪本も認めているとおり、プライバシーそのものは実証的に捉えられるものであり、プライバシーの権利には規範的な意味合いが含まれます。

アメリカでは、一九六〇年にウィリアム・プロッサーが不法行為上のプライバシーについて、

①私事への侵入、②知られたくない私事の公開、③事実の公表により誤った印象を与えること、④氏名・肖像の盗用、の四類型を公表したことが有名です(8)。

プライバシーの権利を考えるにあたり、プライバシー自体が相対的な概念であることを前提とせざるを得ません。人により、経済状況、健康状況、思想や信条など、何をどの程度センシティブと感じるのかは異なります。世界中の研究者が一世紀以上にわたり「プライバシーとは何か」という問いに取り組んできましたが、今日でも共通了解を調達できていない状況です。

プライバシーそれ自体が、時代、場所、そして文化によって異なりうる文脈的概念である以上、プライバシーの権利の射程もまた時代、場所、そして文化によって異なりうるのです。そこで、現代的な考究の対象は、プライバシーの権利の核心を構成する利益を明らかにすることとなっています。

プライバシーとは私秘性に関する多様な事象を指します。たとえば一九四八年の国連世界人権宣言第一二条においては、プライバシーと並んで家族、家庭または通信が列挙されています。家族という「親密な関係性」をプライバシーの権利は保護の対象とし、家庭という「物理的な場所」をプライバシー権の射程に入れ、そして通信という「人の精神・経済活動に関する媒体」もまたプライバシー権の対象として保障されることとなります。

表1　プライバシー権の侵害の16類型

| | |
|---|---|
| 情報収集 | ①監視，②尋問 |
| 情報処理 | ③集積，④識別，⑤安全管理の欠陥，⑥二次利用，⑦排除 |
| 情報流通 | ⑧信頼義務違反，⑨開示，⑩漏洩，⑪アクセス，⑫無断利用，⑬盗用，⑭誤認 |
| 私事への侵略 | ⑮平穏への侵入，⑯意思決定への干渉 |

ここでアメリカのプライバシー保護法の著名な研究者である、ダニエル・ソロブによるプライバシー権の侵害類型の整理が参考になります。ソロブは、プライバシーが侵害されうる情報流通の動態に着目し、収集、処理、流通、侵略の四段階におけるプライバシー権の侵害を一六類型に区別しています(表1参照)[9]。プライバシー保護立法も、これらの四段階におけるそれぞれのプライバシー・リスクに対処するための規定が整備されるのが一般的です。

このようにプライバシーの権利を説明すると、これを保護するための法制度は、プライバシー・リスクに対処するための無色透明の立法となることがあります。しかし、実際には、それぞれの段階におけるプライバシーの権利侵害の認定には、プライバシーを構成する核心的利益とは何かということが求められます。この核心的利益を明らかにするためには、なぜプライバシーは守られなければならないのか、という別の問いを立てる必要があります。

本書では、日本におけるプライバシーの権利の核心にある利益を、憲法第一三条の個人の尊重の原理に照らした人格的利益であると主張します。より厳密には、データによる決定からの解放により、情報サイクルの中で人間を中心に据えて、本人自らがネットワーク化された自我を造形する利益、別の言い方をすれば、自らの情報に関する決定の利益こそが現代的プライバシー権の中核をなすものであると考えています。この利益を導き出す根底にある原理の考究が必要となりますが、この点については、アメリカとヨーロッパのそれぞれのプライバシーの思想をあぶり出す中で考えていくこととします。

### 統治としてのプライバシー

個人の権利の保障は、国会が制定する法律、行政による法令に基づく運用、そして裁判所による法令解釈を通じて行われます。プライバシー権については、ローレンス・レッシグの言葉を借りれば、「コード」という側面についても着目する必要があります(10)。すなわち、プライバシーは、本人が気付かないうちに侵害されることがあります。典型例が、ケンブリッジ・アナリティカ事件のように本人に気付かれないように行動が監視されたり、あるいはパソコンがハッキングされ通信内容が見られることです。そこで、特にインターネットの利用場面においては、プライバシーをめぐる問題について、コンピュータのソフトウェアを通じた規制が求められています。喫煙を規制するためには、法律によって年齢制限を設けるなどの規制ができ、社会規範において食事中の喫煙許可をしないことで規制でき、また市場においてたばこの価格を引き上げることで規制することができます。しかし、それ以外に、アーキテクチャーにおいてたばこのにおいを強くすることで喫煙する機会を減らすという規制を実現することができます。特に国境のないインターネットの世界では、規制の設計材料が法令以外のところからも調達できるのです。

プライバシーは事後に回復することが困難な権利であるため、実質的害悪が生じていなくても、権利侵害を未然に防止するための統治システムが必要となります。日本の最高裁判所も、住民基本台帳ネットワークシステムをめぐる訴訟[11]において、「システム技術上又は法制度上の不備」が理由となって、個人情報が第三者に開示・公表される具体的な危険は生じていない、と判断しています。すなわち、住基ネットというネットワークシステムの構造に着目し、不備の有無をシステム技術・法制度の観点から検討しているため、システム構造それ自体を審査したとみることができます[12]。

さらに、このシステム構造としての統治の観点を一歩進めて検討すると、プライバシーは信頼の確保について考えることでもあります。自身の秘密を明かすことができるのは、信頼できる人だけです。信頼できる人は自分の秘密を守ってくれる人であり、共感してくれる人です。妊娠した女性が医師に話をするのは医師が患者の秘密を守ってくれるからであり、また妊娠したことを打ち明けるのを親しい友人のみにとどめておくのはその友人を信頼しているからです。これに対し、女性の買い物の履歴から見ず知らずのスーパーが突然ベビー用品のクーポンを送りつけることは、信頼関係に基づかない私的圏域への侵略とみなされることがあるでしょう。プライバシーの保護は、大切な財産を信頼のおける人に託す信託という制度とのアナロジーが成り立ち、この信頼とプライバシーとの関係は重要になってきます。

ヨーロッパにおいてプライバシーが統治の問題であるといった場合、個人データ保護の権利の擁護者としての独立した第三者機関（データ保護監督機関）による監視というのが一般的です。他の人権規定にはみられませんが、ＥＵ基本権憲章第八条三項は、個人データ保護の権利について独立した監督機関の存在を設けることを規定しています。このデータ保護監督機関は、しばしば誤解されることがありますが、裁判所ではなく、日本の憲法で明文化されている会計検査院のような独立行政機関です。プライバシーや個人データの問題は、事後の裁判所による救済措置とは別に、事前のチェック機能を果たすための独立した監督機関が必要となります。裁判所への救済を求めることは、自らのプライバシーや個人データ保護の権利が侵害されていることが認識されて初めてできるのであって、その救済の前提となる権利侵害が秘密裏に行われていないかどうかをチェックするために独立した監督機関が設けられています。アラン・ウェスティンがアメリカの古典的プライバシー権の課題を指摘した際に、監視の多くは本人の知らないところで行われ、裁判所による損害の認定がしにくく、そして官民問わずあらゆる組織で侵害の可能性があることをあげていました。このような課題を克服するため、プライバシー保護に特化した機関の存在が必要となるのです[13]。

これらの監督機関は強力な権限を有しており、政府機関や民間企業への立入検査のほか、個人データ処理の停止を命じたり、さらに違反に対する制裁金を科すことまで認められています。別の言い方をすれば、プライバシーや個人データ保護の権利を保護するためには、訴訟要件などの制約があることから裁判所だけでは十分ではなく、独立した行政機関こそがまさにプライバシーと個人データ保護のアーキテクチャーの一つとして存在することが重要となります。

## プライバシー無用論

プライバシーの権利を考えるにあたり、そもそもプライバシーなどいらない、という見解について考える必要があります。たとえば、法と経済学の観点から、リチャード・ポズナーは、個人の秘密を隠し取引することは、取引の相手方を欺く行為であって、プライバシーは取引コストを高めることとなる、と論じています[14]。企業の採用において、企業側の採用したい人物像と、志望者側の能力などに関するすべての情報が開示されれば、面接を何度も慎重に行う手間は省けるでしょう。また、初対面で友人を作ろうとするとき、多くの人が自分を飾り良く見せようと思いますが、そもそも相性として不一致の双方が自らの内心を隠すことはかえって無駄な時間を費やすことになるというわけです。

しかし、ポズナーのこの議論は、あらゆる情報について各人が合理的に判断できることが前提とされます。採用後のその人の貢献度がどれほどのものか、また相手との相性が本当に不一致かどうかは、仮にすべての正確な情報を入手できたとしても、様々な情報を合理的に精査しても、将来を正確に予測できるとは限りません。すべての人間がAIのように計算高く行動できるのであれば、秘密を保持することは不合理なことなのかもしれませんが、人間はAIではありません。人間は、私秘性を保有しながら、他者との交流をしていかざるを得ないのです。

人間は常に合理的な判断を下せないという前提に立ち、より実証的な観点からプライバシーの権利への異論が想定されます。「プライバシー・ナッジ」という問題です。

近くのおすすめのレストランを検索した場合、検索結果に出てきたすべてのレストランを精査することはほとんどなく、おすすめとして紹介されたページや多くの人は最初のページの上に表示されるレストランを見てそこに決めてしまいます。人間は提示された情報に流されやすいのです。

「ナッジ（そっと押す）」されると、人はその方向に動いてしまいます。進学、就職、結婚に至るまでデータの指図に従う他律的な生き方それ自体は決して悪ではないのかもしれませんが、ナッジの危険性は個人の内面を操作しうる点にあります。キャス・サンスティンがナッジについて、広告を広告であると認識しうる透明性の確保が不可欠であり、個人の自律による解決を図る場面が残されるべきだと論じています[15]。また、このような個人の自律を脅かすようなナッジの設計自体が、プライバシーの統治の問題であり、規制の対象とする必要があります。

プライバシー権が人格形成の利益を有している以上、自らの人格をまわりの環境にすべて委ねてしまうという安易な方向性を肯定するべきではありません。人はすべて「おすすめ」に従って生きるのではなく、ときに「おすすめ」に逆らってでも、自らと向き合い、反芻のプロセスを経て、人格発展の道を進む時間を必要とするべきです。

このデータに従属した生き方から解放される瞬間こそが、人間が主体となり、データがその客体であり、その逆が成立しないときです。本書において、プライバシー権が自我を自ら造形する人格発展の権利といった背景には、個人として尊重されるという規範が何よりもまず改めて引き合いに出される必要があります。プライバシー権が想定する個人像とは、データの隷従となることなく、自己決定できる理性的な個人です。尊重されるべき者は、個人であって、国民全体やインターネット民といった集合体ではなく、ましてやデータではありません。この個人とデータの主従関係を逆転させることがあってはならない、というのが現代的意味における個人としての尊重を意味していると考えています。

このように、プライバシーの権利については、依然として、定義や中核的要素をめぐり様々な議論があることは確かです。しかし、そのことはプライバシーの権利を放棄することにはなりませんし、プライバシー権に代わる他の権利に逃げ込む口実にもなりません。

# 第2章　進化するプライバシーの権利

## 1　プライバシー権の来歴

### プライバシーとは？

プライバシー(privacy)の権利は、アメリカから輸入された法概念です。かつて日本語に翻訳する際に、「秘密権」と訳されたこともありました。[1] しかし、現在ではこの訳語を見ることはほとんどなく、プライバシーという言葉が日本語として用いられています。『広辞苑　第七版』にもプライバシーという語があり、「他人の干渉を許さない、各個人の私生活上の自由」と説明されています。

アメリカの法学の世界におけるプライバシー権には、女性の妊娠中絶の権利や同性愛者の権利も含まれています。これらの権利は、日本では自己決定権という言葉に相当するように思われます。どうやらアメリカのプライバシーには、日本語の語感と厳密には一対一で対応し得ないものも含まれているようです。このように、プライバシーという法的概念は、国によっても異なりうることを理解する必要があります。

諸外国の例を見ると、憲法においてプライバシーを権利として保障する国も多く見られます。

比較憲法プロジェクト調査によれば、世界にある二〇九の憲法のうち、約八四％に相当する一七六の憲法においてプライバシー権が実質的な意味で規定されています[2]。日本国憲法には、プライバシーの権利が明文で規定されていません。プライバシー権を明文で規定しない少数の国に分類されます。

プライバシーに相当する文言は、「私生活の平穏」という形で規定されてきました。たとえば「私事性的画像記録の提供等による被害の防止に関する法律（リベンジポルノ防止法）」は、元交際相手等の性的画像を公表するような、「私生活の平穏」の侵害を防止する規定を置いています。第3章で紹介する、個人情報保護法においても、プライバシーという文言は見られません。日本の立法は、プライバシーという外来語を避けてきたのです。

本章では、プライバシーの権利ないし利益の発展の経緯について概観することとします。

## プライバシー権の起源――ルイス・ブランダイスから学ぶ

プライバシー権は、一八九〇年、ボストンの弁護士であったサミュエル・ウォーレンとルイス・ブランダイスが『ハーバード・ロー・レビュー』に執筆した「プライバシーへの権利」という論文に由来します[3]。この論文において、二人はプライバシー権を「独りにしておいてもらう権利(the right to be let alone)」と定義しました。

この論文の背景について少し説明をすると、当時、アメリカではイエロー・ジャーナリズムが台頭していました。たとえば、論文の著者の一人であるウォーレンが連邦上院議員の娘と結婚したとき、一八八三年一月二七日付の『ボストン・サタデー・イブニング・ガゼット』は、二人の結婚式について「絵に描いたような非常に可愛らしい式」と描写し、「新婚カップルは午後にはニューヨークに向かう列車で出発し、そこから将来の新居があるあなたの街へと向かった」と報じました。これらの記事を目にしたウォーレンは、プレスによる私事への干渉に嫌悪感を抱いて、プライバシー権の必要性を論文で説きました。その事実を裏付ける一節が論文にあります。

「プレスは礼節と品格の明確な境界をあらゆる方面で踏み越えている。ゴシップはもはや暇人と悪意をもった人の気晴らしではなく、産業と厚かましさがつきまとう商売となった」

他方で、歴史に名を残した「プライバシーへの権利」論文が、単にプレスを敵視し、私生活を保護することのみを意図したものだと捉えることには躊躇しなければなりません。もう一人の著者であるブランダイスは、この論文が公表される直前に一通の手紙を書いていました。

「『プライバシー』に関する論文の校正原稿が出校されました……。まだ全部を読み通してい

ないけれども、私が読んだ少しの部分は、私が思っていたほど良い出来ではありませんでした」(4)

「プライバシーへの権利」の論文の共著者であるブランダイスは、当時三四歳で、婚約したばかりのアリス・ゴールドマークに手紙でこのように告白していたのです。そして、ブランダイスは、ゴールドマークとの手紙のやり取りの中で、「プライバシーと公衆の意見」との緊張関係の重要性について指摘していました。論文の中には、プライバシーへの権利の限界について次のような一節も見られます。

「プライバシーへの権利は公的一般的な関心事項のいかなる公開も禁ずるものではありません」

このように、プライバシー権が公私の境界設定をめぐる大きな争点の一つになることを、ブランダイスは認識していたのでした。

ブランダイスは後に合衆国最高裁判所の裁判官に就任します。そして一九二八年、七一歳のとき、Olmstead v. United States において、再びプライバシー権について論ずる日がきました。禁酒法があった当時のアメリカにおいて、酒を密輸しようとした者が利用する電話機を対象に、令状なしで通信傍受が行われました。ブランダイスは、合衆国最高裁の裁判官として、多数意見に対して反対意見ではあったものの、次のようにプライバシー権が最も包括的な権利の一つであることを論じました。

「憲法の創設者は幸福追求に望ましい諸条件を確保する責任を引き受けた。彼らは人の精神性、感情、知性がもつ重大性を認識していた。彼らは人生の痛み、喜び、そして満足の一部だけが有形の物の中に見出すことができることを知っていた。彼らは信念、思考、感情、そして思想においてアメリカ人を保護することを模索した。彼らは、政府に対抗するものとして、独りにしておいてもらう権利、すなわち最も包括的な権利の一つであり、文明人によって最も価値あるものとされてきた権利を付与した」

以上の経緯を踏まえ、次のような指摘をすることができます。

第一に、プライバシー権は、公開の義務との緊張関係から導き出されたということです。ブランダイスは表現の自由の強力な擁護者でもあり、決して私事の保護のみを優先させたわけではなく、自由な討議の価値を信じていました。その一方で、表現の自由は、ときに人の精神を支配しようとしたり不可侵の人格を傷つけたりする事態を引き起こすものだとも捉えていました。

第二に、ブランダイスは、三四歳の論文においても七一歳の反対意見においても、「人間の精神性」と「品格」という言葉を用いて、自らのプライバシー権を唱道しました。ブランダイスにとって、プライバシー権は「独りにしておいてもらう権利」という言葉から連想されるような、他者からの隠匿や撤退を暗示するものではありませんでした。むしろ、人の精神を支配しようとする品格を欠いた企てからプライバシー権を擁護しようとしたのです。

ブランダイスのプライバシー権は、二一世紀に入っても合衆国最高裁の判決においてしばしば引用され、今なお大きな影響力を有しています。

## 「宴のあと」事件——日本のプライバシー権の原点

日本におけるプライバシーの権利は、裁判所の法創造によって生み出された権利ないし利益です。司法の場においてプライバシー権が肯認《こうにん》されたのは一九六四年のことでした。「宴のあと」事件と呼ばれる裁判です。東京地方裁判所は、「いわゆるプライバシー権は私生活をみだりに公開されないという法的保障ないし権利として理解される」と述べ、侵害行為に対する救済を認める道を開きました(5)。

三島由紀夫の小説『宴のあと』に登場する人物は元外務大臣の有田八郎をモデルとしており、特に夫婦喧嘩、閨房《けいぼう》の行為、妻の肉体といった私生活を描写しています。このことがプライバシーの侵害となるか否かが争われたのでした。
東京地裁の判決は、プライバシー侵害の成立要件として、次の三点を示しました。
①私事性　私生活上の事実または私生活上の事実らしく受け取られるおそれのある事柄であること
②秘匿性　一般人の感受性を基準にして当該私人の立場に立った場合、公開を欲しないであろうと認められる事柄であること（心理的な負担、不安を覚えるとみられること）
③非公知性　一般の人々に未だ知られていない事柄であることを必要とし、このような公開によって当該私人が実際に不快、不安の念を覚えること
結論として、『宴のあと』によるモデルとした人物へのプライバシー権の侵害が認められました。ここで重要な点は、公開された事柄が真実か否かではなく、むしろ「私人が一般の好奇心の的」となることで生ずる精神的不安、負担、苦痛がプライバシー保護の対象とされているという点です。

この判決において、日本で初めて司法の場で「私生活をみだりに公開されないという法的保障ないし権利」としてのプライバシー権が認められました。その際、東京地裁は、「日本国憲法のよって立つところでもある個人の尊厳という思想」から、「不当な干渉から自我が保護さ

れること」を導き出しています。

## 伊藤正己の貢献

伊藤正己は日本を代表する法律家の一人です。伊藤は、研究者としてプライバシー権について研究するだけでなく、裁判官としてプライバシー権を発展させてきました。「宴のあと」事件の係争中に毎日新聞の紙面を舞台にして行われた、作家の福田恒存との論争は、その意味で大きな役割を果たしました(6)。

福田は、「言葉の魔術プライバシー」という見出しのもと、高級な感じを出す目的で「訴状に「プライバシー」などという日本人には初耳の外国語を用いた」ことについて、法律論としてのこじつけであると述べます。また、これは道徳問題であって法律問題ではないと言及した上で、「「プライバシー」という外国語を、意味論、法律論、両面において、日本から追放してしまう」ことが必要であると論じました。当時の日本には、プライバシー権をめぐる鋭い対立があったことを物語っています。

これに対し、当時東京大学教授を務めていた伊藤は、憲法と民法の解釈論を提示した上で、紙面において次のように反論しました。

「現代の社会における人間関係の複雑化にともない、法の保護すべき生活上の利益は、多彩になってくることは当然であろう。……私は、その意味でプライバシーが現代の文明国の法の保護してよい利益であると考えている」

東京地裁は、伊藤の社会洞察力に沿う形で判断を下しました。この判決を受け、原告の有田が「文明国の仲間入り」とのコメントを残したことは有名です。

伊藤は、アメリカやイギリスのプライバシー権について研究し、一九六三年、『プライバシーの権利』(7)を公刊しました。この著書では、外国におけるプライバシー権が緻密に考察されています。そこで伊藤は、「プライバシーという言葉が流行語としての運命をたどるとしても、そこに含まれている諸問題は、ますますその解決の必要の度を高めてくることは間違いのないところである」と予期していました。

後に伊藤は裁判官として初めて、最高裁判所判事によるプライバシー権に関する意見を公表しました。地方公共団体が弁護士会の照会に応じて前科などを公表した事案において、判決の補足意見として「他人に知られたくない個人の情報は、それがたとえ真実に合致するものであっても、その者のプライバシーとして法律上の保護を受け、これをみだりに公開することは許されず、違法に他人のプライバシーを侵害することは不法行為を構成するものといわなければならない」ことを示しました。[8] 補足意見とはいえ、最高裁判所判事としては、初めてプライバシーの意義に踏み込んだ意見となりました。

その後も伊藤は、殉職自衛官合祀拒否事件における反対意見において「他者から自己の欲しない刺激によって心を乱されない利益、いわば心の静穏の利益」を「宗教上のプライバシー」として位置付けました。[9]

また、市営地下鉄の列車内における商業宣伝放送の違法性が問われた事件において、伊藤は補足意見を執筆し、「日常生活において見たくないものを見ず、聞きたくないものを聞かない自由」を有することから、「個人が他者から自己の欲しない刺戟によって心の静穏を乱されない利益」を有し、これを「広い意味でのプライバシーと呼ぶことができる」と書き記しています。[10]

伊藤は、退官後に『裁判官と学者の間』という著書を公表し、少数意見は「将来の時代の知性への訴え」と書き残していました。[11]

## 2　プライバシー権の理論構成

### プライバシー権の人格権的構成

かつて西ドイツでは、私生活の保護に相当する語として“indiskretion”があり、この語は“indiskret”すなわち秘密を守らない人を意味していました。(12) ドイツでは、人間の尊厳とともに「人格の自由な発展の権利」が連邦共和国基本法で明文化されており、民法において人格権法理が発展してきました。

さらに遡れば、ローマ法においては、“actio iniuriarum”という概念により、人の尊厳や名声が法律上保護されてきたことから、この概念がプライバシー保護の基盤をなしました。(13) ラテン語における「人格(persona)」という言葉が、古代の役者が演劇中につけた仮面を意味することもまた、プライバシーとの関連において引き合いに出されてきました。(14)

またアメリカにおいても、プライバシー権を、私生活の侵害から保護されるべき人格権として位置付けようとする試みがみられました。ブランダイスは、ウォーレンとの前記の論文において、「不可侵の人格」という言葉を用いてプライバシー権を説明しようとしました。しかし、不法行為の事案において陪審制度が用いられることの多いアメリカにおいて、プライバシー権の侵害を争う際に、「保護されるべき人格とは何か」を論じることは必ずしも賢明な法廷戦術ではありません。また、判例法主義をとるアメリカでは、個々の事件における判例が重要な意味を有するため、人格の意義についての深遠な哲学論は法廷の場では敬遠されることが一般的です。そのため、ドイツに比べると、プライバシー権の基礎付けに人格権が占めた地位は限定的です。

日本では、夏目漱石が『私の個人主義』において、他人が自己の幸福のため自身の個性の発展への「妨害」をしてはならないと警鐘を鳴らしたことがありました。人格発展の「妨害」からの保護は人格権の不可欠な要素をなしており、その意味で日本でも早くから人格保護の知の萌芽があったと言えます。

日本において、人格権とは、「主として生命・身体・健康・自由・名誉・プライバシーなど人格的属性を対象とし、その自由な発展のために、第三者による侵害に対し保護されなければならない諸利益の総体[15]」であると定義されます。この定義にみられるように、人格権には種々の人格的属性が含まれうるため、プライバシー権は人格権の一内容をなすものと捉えられます。また、不法行為法の領域において、「人格権の優越性」が謳われるなど、人格権としてのプライバシー権は理論においても実務においても重要性が増しつつあると思われます。[16]

日本の最高裁判所は、名誉侵害の事例において、「人格権としての名誉権は、物権の場合と同様に排他性を有する権利というべきである[17]」と判示し、憲法第一三条から人格権としての名誉権が導かれることを示しました。その後、最高裁は、「プライバシーに係る情報は、取扱い方によっては、個人の人格的な権利利益を損なうおそれのあるものである」と述べ、プライバシー情報と人格的利益に関係があることを明らかにしてきました[18]。

日本の司法におけるプライバシーの権利ないし利益と人格権や人格的な権利利益との関係は、依然として不明確な部分が残されているとはいえ、少なくともプライバシー権が人格権と無縁の関係にはないことは確かです。

### プライバシー権の財産権的構成

ビッグデータの時代において、個人情報を譲渡可能な財産の一つであるとみる見解もあります。

この見解は、個人情報を自由に使用、収益、処分することができると捉える点において、「データの所有権(data ownership)」と呼ぶことができるかもしれません。そして、財産の違法な使用等に対する妨害排除請求や損害賠償請求が認められるように、違法に個人情報を利用等された個人は同様の救済を求めることができます。無料のＳＮＳを例にとれば、自らの個人データを広告企業に譲渡する見返りに、そのサービスの恩恵を受けることができます。これに関連して、二〇一八年に成立したカリフォルニア州消費者プライバシー法には、個人情報を財と捉え、"Do Not Sell My Personal Information" という新たな規則を設け、個人情報の無断販売禁止を求める権利が明文化されています。

確かにプライバシーを効果的に保護しようとすれば、この財産的構成が説得力をもつことがあります。現実に生じているデータの取引に適用できる場合もあります。

もっとも、プライバシーをめぐる紛争の多くは、データが移転された後に生じます。本人が同意を撤回し、譲渡した個人データを回収しようとしても、一度流通した個人データを回収することは現実に困難です。しかも、広告企業などから収益を得ているＳＮＳのビジネスモデルの多くは、利用者の知らないところで個人情報を無償で収集することができるものとなっています。

個人情報には、そもそも価格のタグがついているわけではありません。人格そのものに値段をつけることの倫理的当否についても争いがあります。その一方で、プライバシー侵害の事例において、裁判所は侵害された精神的苦痛に対して慰謝料の支払いを命じることがあります。その際には、いくらで補償するべきか、という決定を下さざるを得ません。

さらに重要なことですが、財産権であれば損害の内容がある程度可視化できるのに対し、人格にかかわるプライバシー権の損害は必ずしも看取することができません。日本の最高裁は、個人情報の漏洩事件において、財産権的損害や不快感などを超える損害の立証の可否にかかわらず、プライバシーに係る情報の漏洩が慰謝料請求の対象となることを示しています(19)。

プライバシー侵害に対する救済は、財産的損害が生じていない場合も対象となります。救済の条件を財産的損害としてしまうと、盗撮や盗聴といった本人に気付かれない密かな監視が、プライバシー権の保障の埒外に位置付けられてしまうからです。プライバシー侵害は、人格への侵入の側面がある限り、財産的損害とかかわりなく救済の対象とされなければなりません。

このように、プライバシー権には財産権的性格の一側面が確かにあるとしても、そのすべてを財産権によって説明することはできません。あくまで人格権的性格を有するものと言わざるを得ません。

## 自己情報コントロール権

プライバシー権の理論構成は、人格権と財産権という観点のみならず、自己の情報をコントロールする権利としても位置付けられてきました。

一九六七年、アラン・ウェスティンは『プライバシーと自由』において、「プライバシーとは、いつ、どのように、そしてどの程度、自らに関する情報を他者に対話するかを決定する、個人、集団または組織の要求」と定義しました。[20] すなわち、人は、身体的または心理的な方法を用いて自らの情報をコントロールすることで、人格の調整プロセスに従事しています。一九六〇年代に入り、アメリカのコンピュータが飛躍的な発展と拡大を遂げ、巨大なデータベースが形成されつつありました。このことが、ウェスティンの主張の背景にありました。ちなみに、ブランダイスはウォーレンとの論文の中で、プライバシー権の主題を「自らの思考、思想および感情を他者にどの程度伝えるべきかを決定する権利」であるとも論じており、自己情報コントロール権の淵源をウェスティンではなく、ブランダイスとウォーレンの一八九〇年の論文に求めることもできます。

堀部政男は、アメリカの状況を踏まえて、自己情報コントロール権を日本に紹介しました。ウェスティンをはじめとする研究者のみならず、アメリカの連邦保健教育福祉省の一九七三年報告書や一九七四年の連邦プライバシー法における動向からも「自己に関する情報の流れをコントロールする権利」としてのプライバシー権が承認されたことを論じています。[21]

また、佐藤幸治は、プライバシー権が単に他者からの自由という消極的な意味を有するのみならず、自己についての情報をコントロールする権利という積極的な意味も有することを説明しました。愛、友情、信頼という人間関係において、第三者の監視下に置かれ自己についての情報を自らコントロールできないところでは、こうした関係は成立あるいは存在できない、と述べています。[22] そして、「プライバシーの権利は、個人が道徳的自律の存在として、自ら善であると判断する目的を追求して、他者とコミュニケートし、自己の存在にかかわる情報を開示する範囲を選択できる権利」として定義しています。[23]

なお、自己情報コントロール権における「自己情報」の範囲の広狭について注意を要します。すなわち、自己情報がデータベース化された情報に限定されるか、あるいは愛や友情といった自己の存在にかかわる情報まで含むかによってこの権利の性格が変わってきます。

最高裁はこれまで一度も自己情報コントロール権を肯認していません。住基ネットの控訴審判決において、「自己のプライバシー情報の取扱いについて自己決定する利益（自己情報コントロール権）は、憲法上保障されているプライバシーの権利の重要な一内容となっている」という例があります。[24] また、自己情報コントロール権と個人情報保護法との関連について、「自己情報コントロール権の考え方、また、個人の権利利益の保護をも目的としつつ行政機関としてあるべき姿を示したと考えられる行政機関保有個人情報保護法の定め(同法第三条等)は斟酌されるべき」[25]と言及した裁判例もあります。さらに、自治体の個人情報保護条例において、「自己情報コントロール権」を掲げる例もみられます。[26]しかし、住基ネットの最高裁判決において「自己情報コントロール権」という言葉は使われていないように、最高裁が自己情報コントロール権を正面から認めているとは言えません。実際、最高裁調査官による解説によれば、「「自己情報コントロール権」については、憲法上の人権とは認められないとの判断を前提にした」と示されています。[27]

また、自己情報コントロール権については、疑問や批判もあります。たとえば、「独りにしておいてもらう権利」と自己の情報をコントロールすることとはどのような関係にあるのかといったことが問題とされます。また、「コントロール」が具体的に何を意味し、そしてそれを支える価値は何にあるのか、といった疑問も提起されてきました。個人情報保護法に自己情報コントロール権が盛り込まれなかった理由として、法律上の効果が明確ではないため、一義的で安定した制度を整備する観点から適当ではないこと、また本人が適切に関与する仕組みが法律において構築されていることが指摘されてきました。[28]

## 3　プライバシー権の発展

### 憲法上のプライバシー権の位置付け

プライバシー権を初めて承認したとされる司法判決は、すでに紹介した「宴のあと」事件です。プライバシー権を論じる際に、国や地方公共団体と私人との間の紛争の場合と、私人と私人における紛争の場合を分ける必要があります。憲法は前者の公権力によるプライバシー侵害の場合に登場し、また民法をはじめとする法律は私人間のプライバシー侵害において援用されます。

憲法上のプライバシー権についてみてみると、最高裁は一九六九年「個人の私生活上の自由の一つとして、何人も、その承諾なしに、みだりにその容ぼう・姿態を撮影されない自由を有する」と判示しました。そのため、「警察官が、正当な理由もないのに、個人の容ぼう等を撮影することは、憲法一三条の趣旨に反し、許されない」としています。ただし、令状のない場合であっても、犯罪が行われたと認められ、証拠の保全の必要性と緊急性があり、さらに一般的に許容される限度を超えない相当な方法での警察官による写真撮影は憲法に違反しないと判断されました。[29]

また、当時の外国人登録法に基づき、我が国に在留する外国人について指紋押捺制度が存在していたところ、最高裁は、「採取された指紋の利用方法次第では個人の私生活あるいはプライバシーが侵害される危険性がある」として、憲法第一三条を根拠として、「何人もみだりに指紋の押なつを強制されない自由を有する」と判示しました。[30] もっとも、外国人の人物特定のための指紋押捺制度は、立法目的には十分な合理性があり、かつ方法としても、一般的に許容される限度を超えない相当なものであったと判断されました。

さらに、住基ネットによる個人情報の収集に関する事件において、最高裁は、憲法第一三条を根拠に、「個人の私生活上の自由の一つとして、何人も、個人に関する情報をみだりに第三者に開示又は公表されない自由を有する」ことを明らかにしています。[31]

このように最高裁は、公権力に対する「生命、自由及び幸福追求に対する国民の権利」を規定する憲法第一三条からプライバシー権を導き出しています。

他方で、最高裁は、自動車に使用者等の承諾なしに秘かにＧＰＳ端末を取り付けて位置情報を検索し把握した捜査事件について、個人の意思を制圧して憲法の保障する重要な法的利益を侵害するものとして、令状がなければ行うことができない強制処分であると判断しました。この判断過程において、GPS捜査が個人のプライバシーを侵害しうることに言及した上で、憲法第三五条の「住居、書類及び所持品について、侵入……を受けることのない権利」を援用し、「この規定の保障対象には、「住居、書類及び所持品」に限らずこれらに準ずる私的領域に「侵入」されることのない権利が含まれる」ことを明らかにしています。このようにみると、日本の憲法上のプライバシー権の位置付けには、第一三条のみならず、第三五条もかかわってくる場合があることを理解することができます[32]。

さらに、日本国憲法において、第二一条二項後段により「通信の秘密」が保護されてきました。通信傍受法の合憲性が問われた事件において、最高裁は、「電話傍受は、通信の秘密を侵害し、ひいては、個人のプライバシーを侵害する強制処分であるが、一定の要件の下では、捜査の手段として憲法上全く許されないものではない」として、憲法第二一条等には違反しない場合があることを認めています[33]。

これらの最高裁の判断は憲法上のプライバシー権の一例にすぎませんが、そもそも最高裁が正面から「プライバシー権」という言葉を用いて判断した事例があるわけではないことにも留意する必要があります。

また、憲法上のプライバシー権を論じるにあたり、憲法学の体系書においてプライバシー権は、第一三条の個人の尊重や幸福追求権において解説されることが一般的であり、また同時に憲法第三五条の文脈において私的領域の保障の意義について論じられてきました。しかし、戦後の憲法学をリードしてきた一人である宮澤俊義の体系書では、プライバシー権が憲法第二一条二項の通信の秘密において論じられていました。これらは、日本の憲法学におけるプライバシー権をめぐる議論が決して単純なものではなかったことを示していると思われます。

## 私人間紛争におけるプライバシー権の位置付け

プライバシー侵害の事例は、私人間の紛争においてもみられます。一般的に不法行為（民法第七〇九条）の事案となりますが、民法にプライバシーの権利ないし利益が明記されているわけではなく、裁判所の解釈によってプライバシー侵害への救済の道が開かれてきました。

多くの事例があるため、代表的なもののみを列挙しましょう。たとえば、最高裁が初めてプライバシーという言葉を用いたものとして理解されてきた判決として、会社がある党員とその同調者である従業員を継続的に監視した行為が、人格的利益を侵害するとした事例があります。最高裁は、従業員を退社後に尾行したり、従業員のロッカーを無断で開け、私物である手帳を写真に撮影した行為が、「職場における自由な人間関係を形成する自由を不当に侵害するとともに、……プライバシーを侵害するものでもあって、同人らの人格的利益を侵害する」ことを認定しました。[34]

このほかに有名なものとして、早稲田大学が、中華人民共和国国家主席の講演会の学生参加者の名簿の写しを、警備の目的から警視庁に提出した事件があります。この名簿には、学生の学籍番号、氏名、住所および電話番号が含まれており、学生たちの同意は得ていませんでした。最高裁は、このような単純な個人情報であっても、「プライバシーに係る情報として法的保護の対象となる」として、学生たちに「任意に提供したプライバシーに係る情報の適切な管理についての合理的な期待を裏切るものであり、上告人[学生]らのプライバシーを侵害するものとして不法行為を構成するというべきである」と判断しました。[35]

また、個人情報の漏洩事案についても、人格権侵害を理由に民事上の損害賠償の責任を負うことが認められてきました。最高裁は、ベネッセの個人情報漏洩事案について、たとえ漏洩被害者の不快感等を超える損害の発生についての主張、立証がされていないとしても、プライバシー侵害による不法行為責任を負わないことにはならないと判断しています。[36]

これまでの下級審の判断の事例として、たとえば、ヤフーBBが提供していたインターネット接続サービスの利用者四五一万人以上の顧客情報が不正アクセスにより漏洩した事案について、個人情報の管理について組織の上で、またシステムおよび技術の上でできる限りの不正取得の防止策を講じる必要があり、その注意義務を怠った過失があると認定されました[37]。そして、ヤフーＢＢから五〇〇円の金券があらかじめ被害者に配付されていましたが、別途五五〇〇円の賠償が命じられました。氏名・住所・電話番号・メールアドレスなどの単純な漏洩の被害者に対する慰謝料の相場は、一人あたり概ね一〇〇〇円から一万円となっています。この額が多いとみるか少ないとみるかは各人のプライバシーに関する感情によりますが、漏洩した企業側にとっては被害者の数が多ければ大きな金銭的負担となることは確かです。

このように、日本の裁判所がプライバシー権という言葉を用いることに消極的であったとしても、司法判断においては、プライバシー侵害を理由に不法行為を認めることに必ずしも消極的であったわけではありません。

## 取材・報道等の自由との衝突

プライバシー権は、絶対的な権利ではなく、ほかの自由や権利、特に表現の自由との間で問題となってきました。「宴のあと」事件に始まり、最高裁は、これまでいくつかの事例において、人格権としてのプライバシー権と表現の自由との緊張関係について判断してきました。

たとえば、小説『石に泳ぐ魚』に登場する人物には、大学院に在籍しており、顔面に腫瘍があることや、父が講演先の韓国でスパイ容疑によって逮捕された経歴をもっていることなど、モデルとされた人物と一致する特徴がいくつも与えられていました。最高裁は、被害者側の不利益と出版社側の不利益とを比較衡量した上で、「侵害行為が明らかに予想され、その侵害行為によって被害者が重大な損失を受けるおそれがあり、かつ、その回復を事後に図るのが不可能ないし著しく困難になると認められるときは侵害行為の差止め」を認めることを明らかにしました。本件では、公的立場にある者でもなく、また公共の利害に関する事項でもなく、一大学院生の平穏な日常生活や社会生活を送ることを困難にさせるおそれがあるとして、小説『石に泳ぐ魚』の出版差止め請求を認容しました(38)。

表現の自由とプライバシー権との調整においては、少年の実名報道も問題となります。少年法第六一条は、二〇歳未満の少年を推知することができるような報道を禁止しています。当時少年であった連続殺人事件の被告人について、その経歴や交友関係、法廷での様子などを仮名を用いて週刊誌が報道した事件において、ここでも最高裁は、事実を公表されない場合の法的利益とこれを公表する理由との比較衡量を、個別具体的に検討することが必要であるとしました。結論として最高裁は、不特定多数の一般人からみて事件の本人であると推知することができるとはいえないことから、この記事掲載が少年法第六一条には違反しないと判断しました[39]。また、少年保護事件を題材として家庭裁判所調査官が執筆した論文を雑誌等において公表した事案において、最高裁は、プライバシー情報に係る事実を公表されない利益とこれを公表する理由との比較衡量のもと、プライバシー侵害とはならないと判断した事例もあります[40]。

もっとも、今日はＳＮＳの発達により、新聞等の報道では匿名とされたのに対し、殺人容疑で逮捕された少年の実名が公表・拡散された例もあります[41]。青少年のプライバシー保護と表現の自由との関係は、新聞や週刊誌にとどまらない問題を含んでいます。

さらに、週刊誌のカメラマンが裁判所の許可を得ることなく小型カメラを持ち込み、社会の耳目を集めた刑事事件の被疑者として法廷内で手錠をされ、腰縄を付けられた状態の容貌を撮影し、週刊誌にこの写真を主体とした記事を掲載しました。このような写真撮影行為は、社会生活上受忍すべき限度を超えて、被撮影者の人格的利益を侵害し、不法行為法上違法であると最高裁は判断しました。なお、最高裁は法廷内のイラスト画については、作者の主観や技術が反映されることなどから、違法とはしませんでした[42]。

報道とプライバシーの問題は、公的な立場にある者の公共の利害に関する事項であれば、一般的に報道が優先されます。とはいえ、たとえば芸能人であるからといって、私生活上の事実がすべて公的なものになるわけではありません。芸能人の自宅の位置がわかってしまうような地図や写真を掲載したという理由で、出版物の差止めが請求された裁判において、自宅所在地の情報をみだりに公表されない利益が法的保護の対象となることが確認されています[43]。

プライバシー保護の射程は、対象となる人の主体のみで切り分けるのではなく、対象となる事柄が公共性を帯びるか否かが重要となります。すなわち、公人が一般私人よりもプライバシーの保護が及ぶ事柄が少ないことに疑いはありません。しかし、政治家や重要な公職にある者であるからといって、すべてのプライバシーが放棄されるわけではなく、夫婦の寝室での個人的な事柄の会話等にはプライバシー保護が及ぶべきでしょう。

公人の私的スキャンダルを取り上げることも公共の利害にかかわる場合があることは確かですが、民主主義の質を保証するために、討議するべき公共性の高い事柄が何であるかについても考える必要があります。プライバシーの保護が及ぶかどうかの射程の検討は、主体や場所における公私の問題というよりも、公共の利害にかかわるか否かが重要な考慮事項となります。トマス・ネーゲルが指摘するとおり、公人にも純粋な私的事項についてプライバシー権が確実に保障されることは、純粋な私事を公的空間に入り込ませないことで、民主主義の理性的な討議プロセスが侵食されることを防止することにもつながります[44]。このようにプライバシーは、公私の境界維持に重要な役割を果たしています。

## プライバシー権の深層

プライバシー権は、人格権の一つであり、また日本国憲法における幸福追求権を一つの手掛かりとして、個人としての尊重の理念を体現している権利であるとまとめることができます。しかし、「人格」「幸福追求」そして「個人の尊重」については、それぞれ深遠な哲学的議論が存在します。その中に、プライバシー権を精緻に位置付けることは困難な課題です。

この難問を紐解くには、ハーバード大学で長年憲法学の教鞭を執ってきたローレンス・トライブによる体系書『アメリカ憲法』が、手がかりを与えてくれます。トライブは同書で、アメリカにおいて「名もなき権利」から「プライバシーおよび人格の権利」へと発展していった経緯を踏まえ、この権利の保護対象について次の五つにまとめています[45]。

①政府による精神の形成（良心の自由や子どもの教育の自由への制限）
②政府による身体への侵入（中絶の権利や尊厳死への侵害）
③政府による人生の計画・類型・スタイルの選択への干渉（移動や外見への自由の制約）
④生活上の情報記録の支配（自己のイメージやアイデンティティのための自己概念の発展への侵害）

⑤人との結合の権利の侵害(人的結合・交流を妨害する行為)

前記の五つは、広い意味での人格権・プライバシー権の法的保護の対象となるべき事項であり、また政府以外の主体がかかわる場合を含め、このことは日本にも当てはまると考えられます。特に現代的プライバシー権が主要な関心を寄せてきたのは、④の個人の生活上の記録の支配です。しかし、ここであえてトライブの議論を引き合いに出した理由は、自己提示のあり方にかかわる情報のコントロールの問題が、他の四つのプライバシー権ないし人格権と常に密接に関連していることを注意喚起するためです。たとえば、移動が制限されていては、自らの情報を届ける手段が制約されてしまうし、また自由な人的交流が妨害されている状況では、自らの情報を正確に伝達することができません。自らの存在に関する情報を他者にみだりに使わせないためには、自らが精神を形成でき、身体の安全を確保し、人生のあり方を選択でき、そして人的結合を自由に行うことができることが条件となっているのです。すなわち、自己決定の判断過程を自身が手にすることで、自由に人格発展させることができ、そのことから、プライバシーと人格の権利が不可分の関係にあるのです。

日本でも様々な研究者がプライバシー権の内実について論究してきました。たとえば、多様な社会関係ごとに自己イメージを使い分ける自由としての性格を帯びているという見解(棟居快行)、アイデンティティの源流としてのプライバシー(水野謙)、本人が選んだ相手と、本人が選ぶ程度の親密さをもって人間関係を取り結ぶ能力を支える情報的資質としてのプライバシー、すなわち人と人とをつなぐ絆としてのプライバシーという見解(長谷部恭男)、自己像の同一性に対する権利としての側面があるとの見解(曽我部真裕)、信認義務としてのプライバシー(斉藤邦史)、さらに「個人データ」を情報財とみなした知的財産的保護として捉える見解(林紘一郎・中村伊知郎)、などがあります。また、先に紹介した住基ネット判決から、プライバシーは権利のみならず、システム・構造論として位置付けることができるという見解(山本龍彦)、さらにドイツの情報自己決定権の客観法型審査とみる見解(小山剛)もあります。少なくともこれらの見解はいずれもプライバシー権を構成する要素を言い当てていると思われます。

一つの定義への合意がないからといってプライバシーの権利保障の必要性が失われるわけではなく、むしろプライバシー権の内実を豊かにしているとみるべきでしょう。すなわち、プライバシーの見解は論者の数ほど存在すると言っても過言でなく、今日に至るまでプライバシー権の法的構成論は複合的な性格を帯びつつ、発展してきたと言うことができると考えられます。

## プライバシー権の核心

プライバシー権は、新たな技術の台頭に伴い新たな世代を迎えているように思われます。プレスの隆盛により、一九世紀には「独りにしておいてもらう権利」として私生活の保護が重視されました。コンピュータの普及により、二〇世紀には「自己情報コントロール権」としての側面をプライバシー権はもつようになりました。

そして、新たなデータの世紀を迎え、データの量と質は従来のプライバシー権論が想定していたものを超える状況になっています。従前のプライバシー権論は、依然としてプライバシーを保護するための本質を言い当てていますが、各人はひとたびネットワークに接続した時点で、独りにしておいてもらうことも、また自己の情報をコントロールすることも難しくなりつつあります。

筆者は、かつて第一世代としての私生活の保護、第二世代としての自己情報コントロール権、そして第三世代としてのプライバシー権の核心には、プロファイリングを念頭におき、ネットワーク化された自我を造形する権利を基底とする必要があると論じたことがありました(46)。

プライバシーへの脅威が個人データの分析によるプロファイリングを可能とするのみならず、常時オンラインに接続された「自我」が誘引、操作、さらには歪曲の対象にすらなっている現実があります。また、一部の切り取られた情報や、断片的情報の結合が、その個人の全人格の表象となっているという誤解を容易に招く危機が生じています。

これらの危機を乗り越えるためには、データが人間を操る主体ではなく、あくまで人間がデータの主体となり、自らの人格を、データによるのではなく、自らの手で造形していくプロセスが保障される必要があると考えています。個は、他から肇造《ちょうぞう》される客体ではなく、自由に人格発展していく主体です。これがプライバシー権の核心です。

私生活尊重の権利や自己情報コントロール権は、私秘性やプライバシー情報を主たる対象としたため、この権利はプライバシーにつきまとう範囲の不確実性に悩まされることになりました。この厄払いをして、プライバシーという不確実性を伴わない、個人に関するあらゆる情報を保護の対象とした個人情報保護法は、立法化の試みには成功しましたが、後に紹介する「過剰反応」にみられるように、その運用において課題を抱え続けています。

この立法化の試みは、何のための個人情報保護なのか、という問いに答えないまま、個人情報を保護することを自己目的化する構造を生み出してしまいました。そのため、いま求められていることは、プライバシー権の核心を保護するための思想をあぶり出し、その思想を個人情報保護法と整合させることではないかと考えられます。

いずれにしても、プライバシーの権利には、その背景にある思想ないし哲学があり、次章以降で論じますが、それを明らかにしていく必要があります。

# 第3章　個人情報保護法の新時代

## 1　破産者マップ事件

### 保護されるべき個人情報

どこまでを法的に保護すべきなのか。その範囲を画定しにくいのがプライバシーの特徴です。それゆえプライバシー権の侵害は、その救済の対象となる範囲が、しばしば裁判で争われます。しかも個人情報の漏洩事案が社会問題化し、単純な個人情報であってもその漏洩によって人格や財産が侵害される事案が生じています。そのため、「個人情報」の範囲を絞り法的保護の対象にしようという試みが、個人情報保護法制です。

古典的なプライバシーの保護要件には、非公知性、つまり「公然と知られてはいないこと」というものがあります。ときにこの非公知性がハードルとなり、保護すべき範囲が狭くなることがあります。これに対して個人情報には、氏名や住所など、生活の上で第三者に提供することも必要となる情報が含まれています。しかし、公に知られている個人情報であっても、それを保護しなければ不測の損害が生じうる場合を法的保護の対象とすることができます。

二〇二〇年の個人情報保護法改正の契機の一つとなったのが破産者マップ事件です。二〇一九年三月に、官報に掲載された破産者情報の住所をインターネットの地図上に対応させた、いわゆる破産者マップが公開されました。二〇二〇年七月二九日付で個人情報保護委員会は、この破産者マップを運営する二事業者に対し、利用目的の通知・公表(第一八条)と個人データの第三者提供の同意取得(第二三条)の違反を理由に、ウェブサイトの停止等の命令を行いました。

しかし、この破産者マップ事件は決して簡単な問題ではありませんでした。

個人情報保護法では、第三者への個人情報提供について、オプトアウト方式というものを認めています。これは、本人が同意しないことを事後に意思表示した場合にのみ、第三者への個人データの提供を停止するというものです。つまり、このオプトアウト方式を事前に個人情報保護委員会へ届け出ることによって、本人の同意をあらかじめ得ることなく、破産者マップを公表することが可能となります。実際、個人情報保護委員会は、破産者情報をＤＶＤに収録して販売する行為をオプトアウト手続に基づき適法であると認めています(1)。

## 適正な利用の義務付け

では、破産者情報をＤＶＤにして販売する行為が適法となり、インターネット上に公表する行為が違法となるならば、その両者を隔てるものは何でしょうか。この原因について敷衍してみましょう。

第一に、破産法第一〇条一項では、倒産手続にかかわる重要事項を関係者に周知させるため、官報による公告を行うこととされています。第二に、破産法第二五二条一項一〇号には、破産債権の全部または一部について破産者の免責を認める一方で、過去七年間に免責許可決定が確定していたなどの事実がある場合は免責が不許可となるという要件があります。すなわち、破産と免責の前歴が忘れられてはならないものとすることを、この七年要件は示しています[2]。第三に、破産したという事実のみでは、センシティブな情報、すなわち要配慮個人情報に該当しないと整理されてきました。個人情報保護委員会と経済産業省が策定した「信用分野における個人情報保護に関するガイドライン」(二〇一七年二月)は、官報に掲載された破産者情報を、むしろ本人確認のための情報として位置付けてきました。

このように考えると、破産者マップ事件が差別や偏見を生み出すものとして規制の対象となりうるとしても、むしろ破産者情報の保存と利用の実務面における一定の必要性が認められそうです。

そこで重要となるのが、法令で官報公告が義務付けられている破産者情報について、事業者の再公表による情報拡散に伴う守るべき権利利益を明確化することです。その上で、破産者情報を公表する理由と、破産者のプライバシーにかかわる権利利益との緻密な比較衡量を行います。これによって、破産者マップが適正な個人情報の利用か否かを審査することができます。

個人情報保護法の基本原理である、個人の人格尊重(第三条)に照らした権利利益として、個人情報の本人は、更生のために破産者自らの個人情報をみだりに公開されない利益、あるいは更生を妨げられない利益、私生活平穏の利益、忘却の利益などを有します。そして、インターネットが破産者の人格発展と生存への過度な干渉をすることは許されないとの認識に立つならば、破産者のプライバシーに係る権利利益が、破産情報をインターネットの地図上に再公表する理由よりも優越すると整理できるでしょう。

この破産者マップ事件を受け、個人情報保護法第一六条の二において、違法又は不当な行為を助長し、又は誘発するおそれがある方法により個人情報の利用が禁止されることとなりました。

この不適正な利用禁止条項は、利用目的の公表やオプトアウトの届け出という「手続」論から、権利利益の保護という「実体」論への転換を図るというものとなります。この条項が、日本の個人情報保護法制における事業者の利益と個人の権利利益との比較衡量の扉を開くものとなりました。これにより、個人情報の適正な利用の促進が期待されます。

このように、個人情報保護法制は、非公知性を要件とする狭義のプライバシー権とは異なり、公開情報であってもその適正な利用を義務付けている点で、独自の役割が認められるのです。

## 2　個人情報保護法の概要

### プライバシーの権利と個人情報保護法との関係

プライバシーの権利は、明文で保障されているわけではありません。しかし、プライバシーの権利を後押しする法律として、個人情報保護法が存在します。もちろん、通信の秘密を保障する電気通信事業法、通信傍受の捜査の適正を確保するための通信傍受法など、ほかにも様々な法律があります。しかし、その中でも個人情報保護法は、プライバシーの権利を実現するための中核的役割を果たしていると考えられます。

では、プライバシーの権利と個人情報保護法はどのような関係にあるのでしょうか。実はこの問いには非常に難しい問題が含まれており、しばしば論争を呼び起こします。その理由は、少なくとも日本の個人情報保護法には、プライバシーの権利が規定されていないためです。

その経緯について見てみましょう。一九六〇年代から行政機関におけるプライバシー保護に関する審議が始まり、一九七〇年に行政管理庁による事務処理用統一個人コードが検討されました。社会中に、国民総背番号制度の導入への不安が広がりました。

一九七五年四月には「行政機関等における電子計算機利用に伴うプライバシー保護に関する制度の在り方についての中間報告」が示されました。この中間報告の前後に、日本社会党が「個人情報保護基本法案」や「プライバシー保護基本法案」を公表するなど、個人情報保護の立法の気運も高まっていきました。

同時に、一九七〇年代以降、国に先行して、地方公共団体では電子計算組織の利用における個人の秘密を保護する条例が整備されていきました。たとえば、一九七五年の東京都国立市電子計算組織の運営に関する条例などです。また、自治体の個人情報保護条例の中には、守口市（第二条）や犬山市（第一条）などのように、プライバシー権を明文で規定する例が見られます。

日本で最初の行政における個人情報を保護する法律として、一九八八年に「行政機関の保有する電子計算機処理に係る個人情報の保護に関する法律」が成立しました。ところが、この法律には、プライバシーという言葉が存在しませんでした。保護の対象は「個人の権利利益」とされたのです。

当時の総務庁の解説によれば、「プライバシーとして保護されるべき利益は、極めて多様であり、社会や文化あるいは時代や人によっても異なり得る相対的なもので、これを統一的に定義づけることは極めて困難である」などの理由から、プライバシーという言葉が用いられませんでした。

また、たとえば覗きや昼夜分け隔てなく執拗に電話をかけられるといった、電子計算機処理とは直接関係しないプライバシー侵害からの保護は、「別途の制度（民法上の不法行為等）の問題」として整理されました。

そして、「個人の権利利益」には、①個人の秘密が公開されないこと、②誤ったまたは不完全な情報によって自己に関して誤った判断がなされないこと、③自己の情報を知ること、が含まれると説明されています[3]。「プライバシー権」に代わる「個人の権利利益」という文言は、その後の個人情報保護法においても用いられています。

このように、日本の個人情報保護法制は、プライバシー侵害への対処を想定してはいるものの、必ずしも「個人情報保護法＝プライバシー権の保護法」ということを意味しないことに注意が必要です。幸か不幸か、日本ではプライバシー権と個人情報保護法との断絶が見られるので、プライバシー権とは別に、個人情報保護法の現況について見ていくこととします。

ちなみに、EU司法裁判所と欧州人権裁判所における判例を手掛かりに、プライバシーの権利と個人データ保護の権利との関係について一言述べておきます。

個人データ保護の権利は、プライバシーの権利に比べると、形式的手続的な規定から個人を保護することを狙いとしています。プライバシー権の侵害とはならない事例であっても、処理の適法性の要件や利用目的の特定といった手続において違反を認定することができる点において、個人データ保護の権利はプライバシー権よりも広い権利概念であると捉えられてきました。もっとも、すでに論じたとおり、ヨーロッパにおいても個人データ保護の権利とプライバシー権が完全に分離しているわけではなく、相互補完的な関係にあることに留意する必要があります(4)。

## 保護の対象

個人情報とは、生存する個人に関する情報であって、当該情報に含まれる記述等によって、特定の個人を識別することができるもの、を指しています。そのため、健康情報、収入・経済状況をはじめ、個人に関する多くの情報は、プライバシー権の保護の対象とも重なり合うことになります。プライバシー権が私生活の保護や自己情報コントロールの利益を保障しているとすれば、個人情報保護法制もその多くを重複する形で保護の対象としています。

しかし、保護の対象が異なる場合も生じます。たとえば、スマートメーターによってリアルタイムで家庭内の消費電力を測定する場合、もし家族世帯であれば、「家族」に関する情報となるのか、契約者「個人」に関する情報となるのかによって保護の対象が異なってきます。

また、個人情報保護法は、「生存する個人」のみを原則として保護の対象としていますが、死者のプライベートな情報の暴露には、法的保障が及ぶか否かも論点となります。これについては、人格権としてのプライバシー権や名誉権の問題として整理されるのが一般的です。

さらに、日本の個人情報保護法は、特定の個人を識別可能という定義について、「他の情報と容易に照合することができ」る、という条件があります。ここで注目すべきなのは、「容易に」という文言が含まれていることです。通常の業務における一般的な方法で照合することができなければ、保護の対象から除外されることとなります。

保護の対象で具体的に問題となるのが、インターネットのＩＰアドレス(無線利用によるものを含む)や個体識別番号などです。ＥＵでは司法裁判所の判決[5]により、またアメリカではカリフォルニア消費者プライバシー法において、明確にＩＰアドレスなどが保護の対象になることが示されています。それに対して日本の国会における審議では、政府は一般論として単体のＩＰアドレスなどは保護の対象から除外されるという理解に立っています[6]。

ここで留意しておきたいのは、個人情報それ自体が保護の究極目的でない、ということです。個人情報が適切に保護されないと、個人の人格的、財産的権利利益が侵害されるおそれがあります。すなわち、本来守るべきものは、個人の人格的、財産的権利利益です。保護の対象である個人情報は、本来保護するべき人格的、財産的利益の観点から、明らかにされるべき概念です。個人情報それ自体を保護することを自己目的化することは、目的と手段をはき違えた議論です。

さらにここで注意喚起しておきたいことは、個人情報保護法制を構築するにあたり、二つのアプローチがある、ということです。一つは、「害悪に基づくアプローチ」であり、いま一つが「権利基底アプローチ」です。

前者の「害悪に基づくアプローチ」は、アメリカでしばしば採用されるものです。個人情報の不正利用に伴う個人への人格的、財産的被害が具体的な「害悪」として生じた場合に保護の対象とするという考え方です。

これに対し、ヨーロッパの「権利基底アプローチ」は、人権としてのプライバシー権と個人データ保護の権利が個人情報保護法制の基盤をなしており、個人情報の不正利用による害悪の有無に関係なく、個人の「権利」への干渉を防止する仕組みを採っています。

ちなみに、欧州議会は二〇一八年一二月の決議において、六カ月以内に消去される個人データを、日本の法律が保護の対象から除外していたことについて、「権利基底アプローチ」に基づくEU法とは整合し得ないのではないか、という疑義を提起したことがあります。この短期保有個人データの取扱いは二〇二〇年の法改正で改められました。EUからの具体的指摘が日本法に影響を与えたとみることもできそうです。

このように、プライバシー権と個人情報保護法は、両者が密接に関連するものの、異なる側面があることにも注意しなければなりません。

## 個人情報保護法制の整備

一九九〇年代になると、個人情報をめぐるいくつもの事件が発生し、報道されてきました。たとえば、全国の消費者金融業者が加盟する全国信用情報センター連合会のコンピュータから、消費者金融業者を装った犯人が約八五万件の個人信用情報を引き出していた事件。京都府宇治市のほぼ全住民分に相当する住民基本台帳のデータ約二一万件が流出し、インターネット上で売買された事件。本人の見えないところで個人情報が流通し、売買の対象となり、個人への人格的・財産的損害をもたらすことへの不安が高まっていきました。

一九九九年、住基ネットの導入に伴い、国会審議において、民間部門も対象とした個人情報保護に関する法整備を進めていく必要性が認識されるようになりました。

当時、個人情報の保護に関する法制化には、いくつかの選択肢がありました。一つは、病院は医療分野の個人情報保護、銀行は金融分野の個人情報保護といったアメリカ型の事業分野ごとによる法制度です。いま一つは、ヨーロッパ型の全事業分野をカバーする包括的な法制度です。

日本の個人情報保護法は、行政機関と民間部門とでそれぞれ別の法律が用意されました。しかし、基本理念などの核心部分は包括的な形で規定されました。つまり、日本の法制度は、官民それぞれ別の法律が存在するものの、基本事項を包括法制で規定するという法体系を採用したのです。なお、約一七〇〇存在する普通地方公共団体には、それぞれの個人情報保護条例があり、自治体が保有する個人情報については、条例で規定されることとなります。

二〇〇三年に成立した個人情報保護法には、前述したようにプライバシーという言葉はなく、「個人の権利利益」を保護することが目的とされています。そして、個人情報保護法の基本原則は、一九八〇年ＯＥＣＤ(経済協力開発機構)プライバシーガイドライン(二〇一三年七月に改定)に示された八原則を反映しています(表2を参照)。

表 2

| OECD プライバシー 8 原則 | 個人情報取扱事業者の義務 |
|---|---|
| 目的明確化の原則 | 利用目的をできる限り特定しなければならない．(第 15 条) |
| 利用制限の原則 | 利用目的の達成に必要な範囲を超えて取り扱ってはならない．(第 16 条)<br>本人の同意を得ずに第三者に提供してはならない．(第 23 条) |
| 収集制限の原則 | 偽りその他，不正の手段により取得してはならない．(第 17 条) |
| データ内容の原則 | 正確かつ最新の内容に保つよう努めなければならない．(第 19 条) |
| 安全保護の原則 | 安全管理のために必要な措置を講じなければならない．(第 20 条)<br>従業者・委託先に対し必要な監督を行わなければならない．(第 21 条) |
| 公開の原則 | 取得したときは利用目的を通知または公表しなければならない．(第 18 条) |
| 個人参加の原則 | 利用目的等を本人の知り得る状態に置かなければならない．(第 27 条)<br>本人の求めに応じて保有個人データを開示しなければならない．(第 28 条)<br>本人の求めに応じて訂正等を行わなければならない．(第 29 条)<br>本人の求めに応じて利用停止等を行わなければならない．(第 30 条) |
| 説明の原則 | 苦情の適切かつ迅速な処理に努めなければならない(第 35 条) |

各義務規定には適宜除外事由あり
個人情報保護法案資料に基づき作成

なお、このような官民をそれぞれ別に規定する法制度では、データが官民の隔てなく流通する際に様々な問題が生じます。たとえば、国立大学病院における治療データを民間の製薬会社が利用する場合、前者には独立行政法人等が保有する個人情報保護法が、そして後者には個人情報保護法が適用されるため、一つのビジネスに異なる規律が適用されるという複雑さを生んでいます。個人情報の定義ひとつとっても、容易照合性の要件の違いから、国立大学病院で保護の対象とならないものが、民間の製薬会社の場合は個人に不測の不利益をもたらす可能性があるとして保護の対象となるものもあります。そのため、政府は二〇一九年一二月に個人情報保護制度の見直しに関するタスクフォースを設置し、官民の規律の一体化に向けた検討を行っています。

## 3　個人情報保護法の現況

### 「過剰反応」という現象

個人情報保護法が二〇〇五年四月から全面施行され、その二五日後にＪＲ福知山線で脱線事故が起きました。負傷された方々が病院に搬送され、家族が病院に駆けつけましたが、病院は個人情報保護法を理由に家族の面会や家族からの問い合わせを拒否したとの報道がありました。個人情報保護法の「過剰反応」が起きたのです。

その後も、「過剰反応」とみられる事例は続きました。東日本大震災をはじめとする災害時において、地方公共団体が消防や警察への個人情報の提供を拒んだ事例、製品リコールが起きた場合にメーカーと販売店との間で個人データの提供が行われなかった事例、また学校や地域の町内会等での名簿の作成が控えられた事例などがみられました。

個人情報保護法は、施行後しばらくの間、その名のとおり、もっぱら個人情報を保護するためだけの法律であるという誤解、また法律で認められた必要な個人情報の提供も控えるという誤った運用が行われてきました。

「個人情報保護法」という名前のイメージから、個人情報の漏洩を防止する法律という認識が浸透していった可能性があります。この認識は決して間違いではなく、個人情報の漏洩を未然に防止することも内容とした法律であることは確かです。しかし、個人情報を過剰に保護することで「個人情報の有用性」とのバランスを失っては、本来の目的と整合しません。

「過剰反応」の事例についてみれば、震災時などの人の生命、身体または財産の保護に必要な場合には、本人の同意がなくても個人データを関係機関で共有することが、個人情報保護の法律や条例において想定されています。また、学生と保護者からの同意を取得することで学校の連絡網を作成することは可能ですし、同窓会名簿も同様に本人からの同意を取得するか、あるいは前述したオプトアウト方式が適法と認められています。

個人情報保護法の「過剰反応」という現象は、単に運用上の誤解で済まされるべき問題ではないと考えています。むしろ、個人情報保護法の「個人の人格尊重の理念」が実務において十分に浸透していないことを物語っています。そして同時に、日本の個人情報保護法の思想ないし哲学が欠如していたことに起因する現象であったとみるべきなのです。

## 第三者提供をめぐる運用

個人情報保護法の運用においてしばしば論争を呼ぶのが、個人情報取扱事業者による個人データの第三者提供に関する事項です。「過剰反応」の背景にあるのも、この第三者提供をめぐる問題です。

そもそも個人データは、特定された利用目的にのみ取り扱われ、利用目的を超えた取扱いは原則として認められません（第一六条）。たとえば、病院が治療目的で収集した個人データを、保険のマーケティング目的のために保険会社に提供することは認められません。

個人データの第三者提供は利用目的の制限の特則として位置付けられており、本人の同意があれば、個人データは第三者に提供することが認められます。しかし、企業の合併やデータを用いたビジネスが進展する中、その都度、本人から同意を得ることは現実的ではありません。そこで、個人情報保護法は、次の四つの場合において第三者提供を認めています(第二三条一項)。

### ① 法令に基づく場合

多数の国民が利用するポイントカードの顧客情報が捜査機関に提供されていたことが報道により明らかにされたことがあります。「捜査については、公務所又は公私の団体に照会して必要な事項の報告を求めることができる」と規定する刑事訴訟法第一九七条二項に基づく捜査関係事項照会によって、捜査機関から企業へ任意のデータ提供が求められる場合があります。このほかに、同様に報告を求めることができる、とする弁護士会による照会制度もあります(弁護士法第二三条の二)。

この際、個人データの提供を求められた側は、どのような対応をとるべきかが問題となります。

提供先（捜査機関であるのか、弁護士会であるのか）、照会を求められた具体的理由と提供の必要性、提供する個人データの性質および範囲、個人の権利利益への侵害の度合などを総合的に考慮した上で、提供するか否かを決定することが求められます。本人の同意の取得ができない場合は、提供の可能性と照会件数と提供件数を公開する透明性レポートを公表するなど、個人データへのアクセスの実態を明らかにし、本人への不意打ちを防止することが国際的動向として浸透しつつあります。

少なくとも、個人データの照会を求められた際に、これらの事項を考慮せず、漫然と個人データを提供した場合、損害賠償が認められた事案があります（前科照会事件）。そのリスクを念頭に置く必要があります。

なお、法律上第三者提供が明文で義務とされている場合、たとえば刑事訴訟法第二一八条に基づいて裁判官の発する令状による差押えなどの場合には、個人データを含む対象物を提供する義務があります。

### ② 人の生命、身体、財産の保護に必要な場合

個人情報を保護して、個人の命が損なわれることがあっては本末転倒です。大規模災害や事故の緊急時には、負傷者や被災者の個人データを関係組織で共有することができます。また、

二〇一三年には災害対策基本法が改正され、市町村が避難行動支援者の名簿を作成し、災害時に、必要な個人データを利用できることとなっています。

法人を含む人の生命、身体、財産の保護に必要であり、かつ本人の同意を得ることが困難な状況では、個人データの第三者提供が認められています。「過剰反応」の事例はこの場合に多くみられます。

**③ 公衆衛生の向上・児童の健全育成に特に必要な場合**

このほかに、本人の同意を得ることが困難な場合として、児童虐待の疑いのある家庭内の個人データを、児童相談所、警察、学校、病院等で共有することが認められています。

また、健康診断の結果のデータを疫学調査のために利用する場合も、公衆衛生の向上の観点から許されることがあります。なお、個人情報保護法とは別に次世代医療基盤法(医療分野の研究開発に資するための匿名加工医療情報に関する法律)があり、医療機関における匿名加工化された情報の利活用も想定されています。

**④ 国の機関等の事務の遂行に協力する場合**

国の機関などが法令で定められた事務を遂行する上で、民間企業の協力を得る必要があり、かつ、その事務の遂行に支障を及ぼす場合にも、本人の同意を得ることにより個人データの提供が認められています。この要件は、できるだけ厳格に運用する必要がありますが、たとえば、税務署や税関の職員の任意の求めに応じて個人データを提供する場合や地方公共団体が行う統計調査に回答する場合などが想定されています。

前記のほかに、個人情報保護法は、以下で紹介するような名簿の作成を想定して、オプトアウトを規定しています。

## 名簿作成と名簿業者の取り締まり

個人情報保護法が名簿の作成でオプトアウトを想定しているということは、いわゆる名簿業者の存在自体も想定していることとなります。名簿業者を取り締まるべきであるという主張は十分傾聴に値しますが、問題はどのような名簿であれば規制の対象になり、またならないのかの線引きです。学校の同窓会名簿を作成することは認められても、自動車や化粧品の購入履歴の名簿の作成は認められない、とする根拠はなかなか見出し難いように思われます。

そこで、個人情報保護法は、オプトアウトという可能な限り名簿の作成に関して透明性を担保するような規律を設けました。ただし、要配慮個人情報については用いることができません。

①第三者提供を行う個人情報取扱事業者の氏名・名称および住所

②個人データを第三者に提供する旨
③提供する個人データの項目(たとえば、氏名、住所、電話番号)
④取得方法
⑤提供方法(たとえば、書籍として出版、インターネットに掲載)
⑥本人の求めに応じて提供を停止する旨
⑦本人の求めを受け付ける方法(たとえば、郵便、メール送信)

以上の七点のほか個人情報保護委員会が定める規則を満たした上で、個人情報保護委員会への届け出をしなければなりません。実際に住宅地図作成業者やデータベース事業者などがこの方法を利用しています。

さらに、二〇一五年の個人情報保護法改正により、個人情報取扱事業者は、個人データを第三者提供した際に、トレーサビリティを記録しなければなりません。すなわち、個人データを提供したり、受領したりした場合、原則としてその年月日等を記録して三年間保存しなければなりません(第二五、二六条)。個人データの流通過程を透明化させる対策により、悪質な名簿業者が排除されることになると考えられます。

名簿業者の存在は、二〇一四年、ベネッセの委託会社の従業員が名簿業者に顧客データを販売した事件において大きな注目を集めました。ベネッセの調査報告書によれば、約三五〇四万件の情報が名簿業者に販売されていたことが明らかにされています。漏洩した情報には、サービス登録者だけでなく保護者や子どもの氏名、性別、生年月日のほか、住所、電話番号、中には出産予定日やメールアドレスもありました。

ベネッセは、経済産業省から安全管理措置義務と委託先の管理監督義務の違反に対し勧告を受け、また一定の個人情報保護の水準を確保していることを認証するプライバシーマークも取り消しとなりました。ベネッセは、名簿業者による個人情報漏洩が確認された顧客に対し、五〇〇円の金券を配付するなど二〇〇億円近くにのぼる賠償金を用意しました。その後、ベネッセは最高法務責任者を配置するなど体制を強化しました。

消費者庁が二〇一六年に公表した「名簿販売事業者における個人情報の提供等に関する実態調査報告」によれば、名簿業者の中には、データベース化された個人情報を六〇〇〇万件から一億件保有するところがあり、中には重複分を含め三億件程度保有している事業者も存在します。同窓会名簿などの名簿買取価格は、一冊当たり七〇〇〇円から三万円程度で、データ取得単価は、個人情報一件あたり〇・一円から一〇円程度(展示会入場データなどは一件五〇円程度)となっていたことが明らかになりました。このように、消費者が知らないところで、個人情報が転々と流通されていた事実が公にされました。

また、アメリカには、日本のような同窓会名簿のデータを蓄積するような名簿業者とは異なり、債務者のリスト、性的暴行の被害者リストや性感染症患者の名簿を売買するデータブローカーが存在します。アメリカの検索エンジン、クレジットカード、通信販売会社を利用する日本人も多くいると思いますが、日本人の個人データもこのようなデータブローカーに売買されている可能性が高く、国境を越えた規制のあり方も求められています。

## 匿名加工情報と仮名加工情報の利用

ビッグデータビジネスの需要が高まる中、二〇一五年と二〇二〇年に個人情報保護法が改正されました。その一つとして、もとより個人情報に該当しない場合は個人情報保護法の規制の対象とはなりませんでしたが、「匿名加工情報」と「仮名加工情報」の利活用が明文で規定されることになりました。

「匿名加工情報」とは、特定の個人を識別することができないように個人情報を加工し、かつ復元することができないようにした情報のことをいいます。「仮名加工情報」とは、同じく個人情報を加工し、他の情報と照合しない限り特定の個人を識別できないものを指します。前者は個人情報に該当しませんが、後者は照合可能な点において個人情報とみなされています。このように個人情報を加工した情報を利用することで、たとえば、処方箋記載事項やレセプトデータを加工するなどして、医療機関が保有する医療情報を活用した創薬・臨床分野の発展などが期待されます。二〇一七年に成立した次世代医療基盤法は、匿名加工情報を利用して、このような医療ビッグデータの利活用を狙いとしています。

他方で、匿名加工情報の利活用にはリスクも伴います。それは「再識別化」のリスクです。一度匿名化された情報であっても、特に母数が少ない場合や特異な情報を利用する場合、他の情報と照合することで、再度特定の個人を識別することが可能となる場合があります。

実際に、アメリカにおいて二〇〇六年にインターネットプロバイダー会社が、検索履歴の一覧を、ユーザーネームとIPアドレスを削除した上で、約二〇〇〇万件公表しましたが、他の情報と照合されることによって、特定の検索履歴がジョージア州在住の特定の人物のものであることが突き止められてしまいました。ホワイトハウスに設置された大統領科学技術諮問委員会は、「匿名化は追加的な安全管理としては有益であるが、短期的将来の再識別化の方法に対するには十分ではない。当諮問委員会は匿名化が政策の有益な基盤となるものとは考えていない」と結論づけています[7]。

日本でも二〇一三年七月に、ＪＲ東日本がＳｕｉｃａカードのデータを日立製作所へ提供する計画について、利用者への事前の説明が不十分であるなど、話題になりました。ＪＲ東日本の説明によれば、Ｓｕｉｃａ利用者の乗降駅、利用日時、鉄道利用額、生年月、性別およびＳｕｉｃａのＩＤ番号を他の形式に変換した識別番号からなるデータが提供されました。

この説明どおりであれば、このような情報の加工は、「匿名化」ではなく、「仮名化」された状態であるということができます。また、この説明を前提にすれば、変換番号自体が不可逆であったとしても、元の乗降駅等の情報と照合すれば、再識別化も十分に可能であると考えられます。実際、ＪＲ東日本と日立製作所との間で識別行為禁止の契約が締結されていたものの、「特定の個人が識別され新たな問題が生じる可能性も考えられる」ことが指摘されています。(8)

このように、匿名加工情報は、いつか再識別化されるかもしれないタイムリミットを抱えた「時限爆弾」のようなものです。そのため、個人情報保護法において匿名加工情報を再識別することが禁止されています。

### 要配慮個人情報

個人に関する情報といっても、氏名等の単純な情報から、病歴などに関するセンシティブな情報があります。そこで、二〇一五年に改正された個人情報保護法では、すでに多くの自治体の個人情報保護条例でみられたいわゆる機微情報が新たに追記されました。

本人の人種、信条、社会的身分、病歴、犯罪の経歴、犯罪により害を被った事実をはじめ、本人に対する不当な差別、偏見その他の不利益が生じないように、その取扱いに特に配慮を要する個人情報が要配慮個人情報として定められました（第二条三項）。

個人情報保護委員会が作成したガイドラインによれば、宗教に関する書籍の購読や貸出しにかかわる情報など、「推知させる情報」にすぎないものは要配慮個人情報に含まれないと示されています。

他方で、村上春樹の高校時代の図書の貸出履歴が、本人の同意なしに報道されたことへ批判の声があがりました。「読者が何を読むかはその人のプライバシーに属すること」とし、令状による要請以外の場合に利用者の読書事実の外部への提供を禁じた「図書館の自由に関する宣言」（一九五四年採択、一九七九年改訂）があり、一概に図書の貸出履歴を要配慮個人情報から除外することが適切であるか否かは議論を呼びそうです。

不当な差別の原因となるおそれのある情報として、たとえば、入れ墨の有無、その部位および形状については、人種、民族または犯罪歴に関する個人情報と同じ範疇に属するものとはいえない、という判決がありま す[9]。不当な差別の原因となるか否かの線引きは類型的に決まるものもありますが、帰結主義的にみて不当な差別を生み出すか否かの検討が必要であると思われます。

## 開示・訂正・利用停止・消去

個人情報取扱事業者は、本人から保有個人データの開示等の請求があった場合、原則としてこれに対応する必要があります(第二八条)。ただし、次の二点に留意が必要です。

第一に、対象となる保有個人データの存否が明らかになることにより、違法な行為を助長するおそれがあるものや、犯罪の予防などに支障が及ぶものは除かれます。たとえば、不審者や悪質なクレーマー等による不当要求の被害等を防止するために事業者が保有している、当該行為を行った者を本人とする個人データがこれに該当すると整理されていま す[10]。

この点、EUでは開示等の権利が基本権として捉えられていることから、開示の対象を類型的にあらかじめ狭めること自体が許されず、開示などの基本権と公益との比較衡量によって決することとされています(GDPR第二三条)。別の言い方をすれば、そもそも個人データを開示することで違法な行為を助長するおそれがあるか否かということ自体が、一つの大きな争点なのです。この判断を各事業者に委ねるのではなく、個人情報保護委員会や裁判所において権利利益と公益との比較衡量を用いて解決されるべき問題なのです。

第二の留意点は、開示できない場合として、①本人等の生命、身体、財産等の権利利益を害するおそれがある場合（医療機関で患者に病名を開示することでかえって心身を悪化させる場合等）、②個人情報取扱事業者の業務の適正な実施に著しい支障を及ぼす場合（試験の採点情報をすべて開示することで試験制度の維持に著しい支障が及ぶ場合等）、そして③他の法令に違反することとなる場合（電気通信事業法により通信の秘密の保護に違反する場合等）があります。もっとも、貸金業者が債務者から取引履歴の開示を求められた場合、信義則上保存している業務帳簿に基づいて取引履歴の開示義務があるという先例[11]があります。このような信義則としての個人情報を適正に取り扱う義務を踏まえつつ、開示の是非をめぐり、保有個人データの開示の範囲が画定してくるものと考えられます。

開示請求に関する裁判例として、個人情報保護法が全面施行された後、病院の患者が自己の診療録の開示を求めた事案があります。開示の「求め」という改正前当時の個人情報保護法における規定からは、それが開示請求権を付与した規定であると解することは困難であるとして、請求が棄却されました[12]。この判決は、個人情報保護法における本人関与の仕組みを弱めてしまうものであると批判され、二〇一五年の法改正において、保有個人データの開示を「請求」することができるという形で文言が変更されました。

また、事業者が保有する個人データが正確ではないとき、個人データの訂正、追加または削除を請求することができます（第二九条）。さらに、事業者が利用目的の制限や取得の要件に違反していた場合には、利用停止または消去を請求することができます（第三〇条）。

従来、利用停止などを請求できる場面については、違法に個人情報が収集された場合か、利用目的を超えて個人情報を取り扱っている場合に限定されていました。しかし、二〇二〇年の法改正により、本人の権利利益の侵害を防止するために必要な限りにおいて、利用停止などを行うことができるように、個人の権利拡大が図られました。ただし、個人情報保護法は、利用の停止「または」消去として規定されているため、独立した権利として消去が認められているわけではありません。

なお、開示請求においては、事業者が合理的な額の手数料を徴収することが認められています。

## 苦情処理と救済

個人情報保護法では、個人情報の漏洩などの事案が発生した場合、個人の権利利益を保護する観点から、複層的な形で苦情処理が行われることとされています。

個人情報取扱事業者は顧客等からの苦情の処理に努めなければなりません（第三五条）。また、個人情報保護委員会から認定を受けた認定個人情報保護団体という民間の団体が、自主的な取り組みを行い、それぞれの事業分野の苦情処理などに応じています（四〇団体、二〇二〇年一二月時点）。さらに、普通地方公共団体の消費生活センターにおいても個人情報に関連する斡旋等を行っています。

このような個人情報をめぐるデータ戦略やトラブル解決に対応するため、ＥＵでは、早くから多くの加盟国においてデータ保護責任者（Data Protection Officer）の配置が義務付けられてきました。またアメリカでは、チーフプライバシーオフィサー（Chief Privacy Officer）が、専門的な知見から各組織の個人情報保護の取扱いについて責任を有してきました。

ちなみにＧＤＰＲではデータ保護責任者の独立性が重要であり、企業の役員に対し、個人データの取扱いについて直接進言することができる立場や利益相反の禁止が条件とされています。日本でも、各組織内に個人情報保護について責任を有する者の配置がみられるところもありますが、専門的知識の確保や独立した地位など統一的な基準があるわけではありません。

## 国際対応

二〇〇五年四月に個人情報保護法が全面施行されて間もなく、アメリカのクレジットカード会社から約四〇〇〇万件の個人情報漏洩事件が発生し、日本国内の利用者にも不正利用の被害が確認されました。また二〇〇九年には、大手生命保険会社がシステム開発を中国の企業に委託し、そこから約一万四〇〇〇件の個人データが漏洩した事件が発生しました。さらに、二〇一一年にはソニーのプレイステーションネットワークの利用者七七〇〇万人の個人データがハッキングされる事件が発生しました。

このように、個人データは国境を越えて流通するため、外国にある第三者に個人データを移転する場合には、原則としてあらかじめ本人の同意が必要とされる規定が設けられています。なお、個人情報保護委員会が日本の法制度と同等であると認定した国は除外されるとともに、保護措置が相当と認められる体制を整備している外国企業は除かれます。二〇一九年一月、欧州経済地域（EEA）の当時三一カ国が日本の法制度と同等であると認定されたため、日本の個人データがこれらの国へ移転される場合には本人の同意が必要とされません。

他方で、国際的対応については、国としてのデータ戦略が問われることになります。日本は

ＯＥＣＤプライバシーガイドラインを基盤とした法制度を構築してきましたが、ＡＰＥＣのメンバーでもあり、アジア太平洋地域におけるＡＰＥＣ越境プライバシールール（ＣＢＰＲｓ）をアメリカ主導のもと、データ移転を電子商取引の一環として推進してきました。

これに対し、ＥＵの個人情報保護法制は、人権を基盤としており、各国のデータ保護監督機関がこの任務にあたってきました。各国のデータ保護監督機関から構成される「グローバル・プライバシー・アセンブリー（名称変更前は、データ保護プライバシー・コミッショナー国際会議）」は、一九七九年から毎年開催され、すでにアジア、南米、アフリカ諸国など一〇〇カ国以上が加盟していましたが、日本は二〇一七年にようやく正会員となることができました。日本が国として、どの枠組みを重視しながらデータ戦略を推進していくかがからむ問題であることについても留意が必要となります。

## 個人情報保護委員会の役割

日本の個人情報保護法制は、自治体の取り組みが先行してきたため分権化の流れに逆行すること、そして法案審議の当時、行政改革が進み新たな行政機関の設置を抑制してきたことなどが理由で、個人情報保護を専門とする独立した行政機関は設置されませんでした。

当初、個人情報保護法は、内閣府が所管し、各省庁がガイドラインを策定し、主務大臣がそれぞれの事業分野の違反行為についての指導、勧告などを行ってきました。しかし、このような主務大臣制は、事業者にとって複数の省庁のガイドラインを参照しなければならないこと、また事業分野によっては主務大臣が明確ではない場合があることなどが問題点として指摘されてきました(実際に、名簿業者への名簿転売事件では内閣総理大臣が経済産業大臣を指定した事例もあります)。

そこで、新たに個人情報保護法の司令塔として個人情報保護委員会が二〇一六年一月に設置されました(マイナンバー法を監督していた、特定個人情報保護委員会が改組されました)。同委員会は、公正取引委員会のように独立性が担保され、個人情報の有用性と個人の権利利益の保護とのバランスのもと、個人情報取扱事業者における個人情報の取扱いに関する監視、苦情申し出についての必要な斡旋等を行うこととされています。個人情報保護委員会には、必要な報告や資料の提出を求めることができるだけでなく、立入検査の権限も付与されています。

個人情報保護委員会は、委員長と八名の委員から構成され、約一三〇名の事務局職員(二〇二〇年四月時点)が職務にあたっています。日本の個人情報保護委員会はできたばかりの組織ですが、独立性と専門性を備えた組織となることが期待されます。

二〇一九年度の年次報告によれば、一〇六六件の個人データ漏洩などの報告を受け付けており、報告徴収が二九四件、指導・助言が一三一件、斡旋が三八件となっています。これまでの個人情報保護委員会の執行状況をみる限り、法執行については謙抑的であるということができます。

たとえば、二〇一八年一〇月には、フェイスブックの利用者データがケンブリッジ・アナリティカに共有されていた問題について、日本国内の利用者が影響を受けた可能性もあるため、個人情報保護委員会は、利用者へのわかりやすい説明のほか、プラットフォーム上の第三者が、開発したアプリケーションの活動状況の監視等を徹底することなどについて、行政指導を行いました。また、二〇一九年八月には、就職活動サイトのリクナビにおいて、利用者の個人データを企業に販売していたことが明らかになり、個人情報保護委員会は、必要な同意を得ずに個人データを第三者へと提供していたことについて勧告を発出しました（追加の勧告を二〇一九年一二月に発出しています。第5章参照）。さらに、すでに紹介した破産者マップ事件では、個人情報保護委員会が初めて命令を発出しました。

## 4　個人情報保護法の課題

### 過大な保護と過小な保護

個人情報保護法は、個人情報の本質的保護のために過大であり、また過小でもありました。個人情報が過大に保護されてきたという理由は、「過剰反応」の例にみられるように、法で定められた以上に個人データの提供を控えるなど、本来、個人情報の利活用が認められる場面において、個人情報が保護されてきたためです。

そして、個人情報が過小に保護されてきたという理由は、本人の開示、訂正、利用等の権利行使の運用、さらに漏洩等に対する効果的な救済の仕組みが不十分であるためです。

このような個人情報の過大な保護と過小な保護の現象がみられる背景には、個人情報保護法の目的が浸透していないことが一因にあると考えられます。すなわち、個人情報の有用性と個人の権利利益の保護とのバランスが的確に行われるのであれば、保護は過大でも過小でもなくなります。

このようなバランスの欠如の背景には、プライバシー権と個人情報保護法との断絶があること、そして日本の個人情報保護法の一貫した思想ないし哲学を欠いていることに求めることができます。個人情報保護法は、本来人格権としてのプライバシー権を具体的に反映した立法ですが、日本の法制度においては、両者の関係が必ずしも明確にされているわけではありません。そのため、過剰反応にみられるように、「気味が悪い」という感情によって過保護に働くことがありました。そもそもプライバシーがなぜ権利として保障されなければならないのか、また個人情報が保護されることの理由を明らかにするための原理的な考察が必要となります。

## ＥＵによる十分性審査

日本の個人情報保護法制を客観的に考察する上で、二〇一九年一月二三日に欧州委員会が認定した「十分性(adequacy)」が多くの示唆を与えてくれます。十分性については第4章でも詳細に扱います。

十分性決定は、ＧＤＰＲ第四五条に基づき、第三国がＥＵの法秩序から審査されるものであり、ＥＵから第三国への個人データの移転のリスクを審査するものとなります。ＧＤＰＲ適用開始の二〇一八年五月までには一一カ国・地域のみが十分性決定を受けていました。

このプロセスは二〇一六年四月の個人情報保護委員会と欧州委員会との間の対話により開始

され、二〇一八年九月五日に欧州委員会の決定案が作成されました。その後、欧州データ保護評議会と欧州議会による意見を受け、最終的に欧州委員会において決定されました。

三年近くにわたる審査の結果として、EUの法制度と日本の法制度は「本質的に同等」であるとの評価が下されましたが、この結論においていくつかの条件が示されました。

第一に、日本の法制度がEUの法秩序からみて「本質的に同等」であるとの評価は、あくまで民間部門の個人情報保護法制に限定されています。公的部門の個人情報保護法制は、依然としてEUからみれば不十分とされる要素があります。

具体的には、行政機関等の個人情報の取扱いについて独立した監督機関が存在しないことです。個人情報保護委員会の権限が民間部門に限定されていること、また、公的部門を監督する場合には、各省庁からの出向者であると利益相反になるため、専門的な職員の独立性を確保することが必要となります。

第二に、これに関連して、捜査機関等から民間の情報へのアクセスについて、関係省庁の幹部公務員から欧州委員会に対する説明と確約の文書が交わされました。公的部門が十分性の認定を受けていないため、その公的部門の機関が民間の保有する個人データにアクセスした場合についての保護措置が必要となるためです。

ＥＵにおいては、エドワード・スノーデン事件以降、一貫して、大量監視に対する一般市民のデータ保護の権利が重視されてきました。たとえば、民間企業が捜査機関から個人データの提供を求められた場合、企業内部における提供の許否を検討し、要請件数と提供件数を公表することで透明性を確保しています。

第三に、日本の個人情報保護法において、依然としてＥＵ法との違いがみられる事項について「補完的ルール」が個人情報保護委員会によって新たに策定されました。具体的には、次の五点について個人情報保護法に上乗せして、ＥＵから移転された個人情報の取扱いについて規制が設けられました。

①要配慮個人情報　　性生活、性的指向または労働組合に関する情報を含む
②保有個人データ　　六カ月以内に消去する予定の個人データを含む
③利用目的　　ＥＵ域内から移転された個人データの利用目的や取得の経緯を確認し、記録する
④個人データの移転　　再移転をする場合、本人の同意を原則とし、日本から同等性を認定された第三国または補完ルールと同等水準の保護措置を講ずる第三者などにのみ認められる（ＡＰＥＣ越境プライバシールールを用いることの禁止）

⑤匿名加工情報　匿名化された個人を再識別することが何人にとっても不可能である

ちなみに、補完的ルールは個人情報保護法の具体的規定を受けて制定されたものではないため、法的拘束力を有するか否かについて疑問が残ります。また、前記のほかに、欧州データ保護評議会と欧州議会から、十分性審査のプロセスにおいて、それぞれの日本の法制度に対する意見と決議が付されています(詳しくは第4章)。

依然として今後の課題が残されてはいるものの、日本が欧州委員会から十分性の認定を受けることは二〇一五年の法改正前には想像すらできなかった事態でした。その意味で、この十分性決定は、国際的にも日本の法制度への信頼性が担保されるとともに、日本の今後の個人情報保護法制において大きな転機となることと思われます。

## 今後の課題

ドイツ・ヘッセン州において個人データ保護の法制度が整備されて以来、ヨーロッパを中心に個人情報保護法は発展してきました。日本の法制度は、ヨーロッパの制度を取り入れつつ、同時にアメリカの運用を注視しながら、認定個人情報保護団体による苦情処理、プライバシーマークの認証制度、また企業の自発的な漏洩事故の公表とお見舞金の支出など、日本のビジネスの実情に照らした独自の優れた運用もみられます。しかし、依然として、諸外国の法制度と運用からみて不足している点として主に次の三点をあげることができます。

第一に、ＥＵの十分性審査からそもそも除外されてしまった公的部門について課題がありま す。その原因は、個人情報保護委員会の権限が原則として民間部門のみを対象としているためです。

行政機関の個人情報の取扱いについて別の行政機関が監督することは透明性や説明責任の観点から問題となります。そこで、ＥＵをはじめとする多くの国では、身分保障された委員と独自に採用された専門性を有する職員から構成される独立性の高い監督機関が個人情報の取扱いをチェックする仕組みがとられてきました。

この規制の対象は、外交、防衛、警察などの分野に対しても及び、個人データの開示などをデータ保護監督機関が個人の代わりに請求し、必要に応じて開示要件の例外に該当するか否かをチェックする仕組みもあります。ＥＵ加盟国では、漏洩や不正な利用を行なった行政機関などに対して制裁金を科した事例も多く見られます。

日本の個人情報保護委員会も海外のこのような仕組みにならって設置されましたが、同委員会の権限が原則として民間部門のみにしか及ばない点や、民主的正統性の観点から法律の具体的授権に基づく規則等の整備といった課題があり、今後も海外の例を参考にしつつ、個人情報保護委員会が発展していくことが期待されます。

第二に、救済措置について、さらなる検討が必要となります。個人情報保護委員会は、個人情報の有用性に配慮しつつ、個人の権利利益を保護することが最大の役割になります。

しかし、現状では、個人情報保護委員会は、違反した事業者への指導、勧告、または命令等を行うことで違法行為を是正する権限を有していますが、これまで命令を発出したのは破産者マップ事件の一件のみです。また、個人情報保護法が施行されてから罰則を受けた企業は一社もありません(二〇二〇年一二月時点)。

そして、個人情報保護委員会が個人情報の漏洩や不正利用の事案において、消費者を直接救済する仕組みがないのです。

ヨーロッパでは、データ保護監督機関が個人からの苦情申立を受け付け、違法行為を是正するのみならず、違法行為を行っている組織を訴訟で訴える例もあります。また、アメリカでもヨーロッパでも、プライバシー保護を目的とする非営利団体が存在し、漏洩や不正利用の事案が発生すると本人に代わって裁判所等へ提訴する事例も少なくありません。

日本では、漏洩等が生じた場合、あくまで本人が裁判所へ提訴をしなければならない点で消費者救済の観点からは必ずしも十分な体制ではないと考えられます。ちなみに、ベネッセの漏洩事件において、原告が集団で損害賠償を請求した事案がみられ、ベネッセと委託先の一人あたり数千円の損害賠償の支払いが認められましたが、日本では個人情報に関連する訴訟は限られた数しかありません(13)。

第三に、個人情報保護法制の最も中核的な要素である、個人の権利の保護に関する規定の整備が必要となります。

たとえば、開示などの権利における例外の範囲が広いこと。日本にはプロファイリングされない権利や、ダイレクトマーケティングへの異議申立権が明文で規定されていないこと。行政や司法へ救済を求める権利、そしてこれらの権利の行使に関連する同意や同意の撤回に関する定義がないこと。これらはすべてEUの十分性決定においても具体的に指摘されていますが、日本の法制度における権利概念の脆弱性と捉えられかねません。

これに対し、EUにおいて権利に関する規定が磐石である理由は、EU基本権憲章の個人データ保護の権利と、データ保護法とが接合しているためであると考えられます。このように権利に関する規定は、憲法や民法における人格権としてのプライバシー権と個人情報保護法における個人の権利との接合が必要となります。

川島武宜『日本人の法意識』[14]において、日本と西洋の権利義務関係をめぐる対比から、権利が承認されることで義務が限定される、と指摘されたことがあります。この指摘は個人情報保護法にも当てはまります。現状では、法の守備範囲である「権利利益」が十分に確定されていないことがかえって義務内容の可変性・非限定性をもたらしているように思われます。

これに対し、GDPRのような「権利基底アプローチ」のもとでは個人情報保護法の守るべき権利概念が確定されれば、情報の類型や事業者の種類にかかわりなく権利保護を第一次的目的とし、その反射としてリスクに比例して個人情報の各取扱い義務が固定化・限定化されていきます。

個人情報保護の形式・手続にとどまることなく義務内容を明確にするためには、何のための個人情報保護か、という基本に立ち返ることが本質的解決への道筋を開くことになると考えられます。日本の個人情報保護法には、個人情報取扱事業者の義務ばかりが列挙されており、「義務の章典」となっていますが、本来、個人情報保護法制は、個人のプライバシー権を保護するための「権利の章典」なのです。

# 第4章　プライバシー保護法制の国際動向

## 1　グローバルの中の日本

### プライバシー保護に関する条約

プライバシー保護に関する拘束力を有する国際条約は、現在のところ、一九八一年に採択された欧州評議会「個人データの自動処理に係る個人の保護に関する条約」(第一〇八号条約)のみです。第一〇八号条約は、欧州人権条約における私生活尊重の権利を具体化した国際法であり、フランス・ストラスブールにある欧州評議会と欧州人権裁判所における英知を反映しています。第一〇八号条約は欧州評議会の加盟国以外にも批准の門戸を開いており、南米やアフリカの国々を含む五五カ国(二〇二〇年一二月時点)がこの条約を批准してきました。

第一〇八号条約は、二〇一八年に改正されましたが、前文には「人間の尊厳」という文言を掲げ、よりヨーロッパ的な価値へのコミットメントがうかがわれます。条約の解説書によれば、人間の尊厳によって、個人が単なる客体として扱われないような個人データの処理が行われるための措置が講じられなければなりません。条約において、「データ主体」という言葉が用いられているのは、人間が常にデータの「主体」であり、データの「客体」にはなり得ない、すなわち人間とデータとの主従関係の不変性の意味が含まれています。

第一〇八号条約の特徴は、第一に、国籍や居住地にかかわらずあらゆる人を対象に、官民問わずデータ保護の原則が適用されることです。欧州人権裁判所は、第一〇八号条約が安全保障や司法警察を含むあらゆる分野に適用されることを確認し、私生活尊重の権利への制限は法律に従い、民主社会において必要な場合にのみ認められてきました。

第二に、第一〇八号条約はデータの自動処理を主要な規制対象とし、自動処理に伴う見えざる脅威を可視化し、個人の保護を図ろうとする枠組みを提示しています。すなわち、第一〇八号条約は、「個人の私生活に関するデータを単に蓄積するだけでも、私生活尊重の権利の目的における干渉になる」[1]という前提に立ち、個人の保護を目的としています。データ主体の権利のほか、適法によるデータ処理、利用目的の特定と制限、データの正確性、透明性の確保、安全管理措置、データ侵害の通知義務、そして越境移転の規律といった基本原則が掲げられています。

第三に、司法手続とは別に、データ処理を監視するため独立した監督機関による調査権限が付与されています。ヨーロッパにおいて、個人データ保護の分野で独立した監督機関の文化が根付いているのは、私生活への干渉がしばしば本人の知らないところで密かに行われるため、そして事後の司法救済では私生活尊重の権利を回復することが困難であることから、このような独立監督機関による強力な調査権限が認められてきました。その一方で、諜報活動に伴う私生活への干渉の証拠がなくとも、独立した監督機関が調査を行うことが、私生活尊重の権利の条件とされているのです。(2)

欧州評議会「人権および法の支配」局は、サイバー犯罪条約とともに第一〇八号条約を所管しており、両者はインターネットにおける人権と法の支配に資する双子としての性格を有する条約です。ちなみに、日本は欧州評議会のオブザーバーとして参加し、サイバー犯罪条約については批准していますが、第一〇八号条約は批准していません。

このほかに、日本の個人情報保護法制に大きな影響を及ぼしたのが一九八〇年のOECDプライバシーガイドラインです。OECDの加盟国(二〇二〇年時点で三七カ国)の多くがヨーロッパの国であるため、ヨーロッパにおける知見が反映されつつ、日本やアメリカ等の国でも受け入れ可能な比較的穏当な水準を提示しています。このガイドラインは、法的拘束力はないもののプライバシー八原則を示し、日本にもこの原則が導入されました(第3章参照)。また、二〇〇七年以降、OECDが中心となり、政府機関または独立した監督機関においてプライバシー保護に関する越境執行協力や共同調査、広報活動を行っているのも特徴です。

日本が参加しているその他の枠組みとして、APECプライバシーフレームワークも存在します。APECでは、電子商取引の文脈においてプライバシー保護のあり方が模索されてきました。その結果として、二〇一一年の首脳会議において越境プライバシールールが採択され、日本やアメリカ等の参加企業の間での説明責任の原則に基づく越境移転が認められてきました。

これまでも私生活の保障とは別に、個人データ保護に関する条約については国連やグローバル・プライバシー・アセンブリーにおいて審議されてきました。その気運は、二〇一三年六月にエドワード・スノーデンの告発に伴い、アメリカの国家安全保障局が全世界の市民を対象としたインターネット通信やアメリカ国内の通話記録の大量監視プログラムが明らかになった後にやってきました。

二〇一三年一二月には国連総会において、「デジタル時代のプライバシーへの権利」の決議が採択され、特に大量の監視、通信傍受、個人データの収集に関する運用および立法の見直し、そして通信の監視、傍受、個人データの収集に対する透明性を確保するための独立した監督機関の設置または維持が各国に求められたのです。

この決議の後、「市民的及び政治的権利に関する国際規約」第一七条で保障される私生活の尊重の権利を改正するため、大量監視からの個人データの保護と独立した監督機関による保護措置の明文化について、国連等で審議されてきました。これまで国連には、一九九〇年の「コンピュータ化された個人データに関するガイドライン」のみが存在し、法的拘束力を有する、プライバシーと個人データの保護に特化した条約がなかったのです。ちなみに、国連ではこの当時から、コンピュータが個人にもたらす脅威について、データが生み出す恣意的差別や忘却の権利についての検討が行われていました(3)。

二〇一九年までに世界では一三二カ国において、個人情報保護法に相当する立法が整備されてきました(4)。このように、プライバシーと個人データ保護の立法化の波が、ヨーロッパを震源にしながら世界各国に広がりつつあることは確かです。

しかし、後述するとおり、特にアメリカとヨーロッパにおける深い溝を埋め合わせる手立てがなく、国際規約の改正には至りませんでした。また、第一〇八号条約を除いて、プライバシー保護に関する条約成立の試みは成功していません。別の言い方をすれば、プライバシー権が普遍的な価値を有しながらも、この権利を保護するための法的文書への世界的コンセンサスが得られていない状況が続いています(それぞれの地域・国際機関による取り組みについては表3を参照)。

表3　地域・国際機関による取り組み

| 欧州評議会 | OECD | APEC | EU | 国連 |
| --- | --- | --- | --- | --- |
| 第108号条約(1981年，2018年改正) | OECDプライバシーガイドライン(1980年，2013年改正) | APECプライバシーフレームワーク(2005年，2015年改正) | データ保護指令(1995年)<br>一般データ保護規則(2018年) | コンピュータ化された個人データに関するガイドライン(1990年) |
| ● データ処理の正当性とデータの質<br>● セキュリティ<br>● 透明性<br>● データ主体の権利<br>● 制裁および救済<br>● 越境データ移転<br>● 独立監督機関 | ● 収集制限<br>● データの質<br>● 利用特定<br>● 利用制限<br>● セキュリティ<br>● 公開性<br>● 個人の関与<br>● 説明責任<br>● プライバシー管理プログラム<br>● データ侵害通知 | ● 害悪防止<br>● 通知<br>● 収集制限<br>● 利用目的の制限<br>● 選択<br>● 正確性<br>● セキュリティ<br>● アクセスおよび訂正<br>● 説明責任 | ● 域外適用<br>● 基本原則(適法性，同意，特別類型)<br>● データ主体の権利(忘れられる権利，データポータビリティ権，プロファイリング等)<br>● 管理者・処理者の義務(プライバシー・バイデザイン，データ侵害通知，データ保護責任者等)<br>● 越境データ移転<br>● 独立監督機関<br>● 救済・制裁 | ● 適法性・公平性<br>● 正確性<br>● 利用目的特定<br>● アクセス<br>● 差別禁止<br>● セキュリティ<br>● 監督および制裁<br>● 越境データ移転 |

## ブリュッセル効果とGDPRのグローバル化

ヨーロッパ的価値をより端的に反映したのが、二〇一六年に成立したEUのGDPRです。『ブリュッセル効果』の著者であるアヌ・ブラッドフォードは、EU法をグローバル市場を規制するための片務的な力と定義づけていますが、少なくとも個人情報保護法制においてEUが一方的な規制力を有することに疑いを挟むことはできません。[5]

GDPRが象徴的ではありますが、「ブリュッセル効果」と呼ばれるように、EU本部が置かれているブリュッセルにおける政策がグローバルなデジタル市場を規制し、デジタル環境における個人データ保護の規制水準に大きな影響力を有してきました。個人データ保護へのぶれない一貫したEUの姿勢はむしろ、アジア、アフリカ、南米、中東など世界に浸透しつつあります。アメリカの政治力、経済力、そして外交力をもってしても、EUの個人データ保護の勢力を止めることはできていないようです。プライバシーをめぐる国際情勢において、プライバシー権の母国であるアメリカは、世界の個人情報保護法制を取り巻く環境の中で、むしろ孤立主義・例外主義へ向かっているようにも見えます。

GDPRには次のような特徴があります。第一に、データ処理の適法性の要件です。EUでは、何よりもまず法的根拠なしに個人データを処理することができません。この要件は日本やアメリカにはありません。個人の自宅に防犯カメラを設置することは個人データの処理に該当するため、カメラの設置一つとっても法的根拠が必要となります[6]。

すなわち、次のいずれかの場合には、個人データを処理することが認められています。①データ主体による同意、②契約の履行にとって必要な場合、③法的義務の遂行にとって必要な場合、④データ主体または他の自然人の重要な利益保護のために必要な場合、⑤公共の利益等において実施される任務の遂行に必要な場合、⑥管理者等の正当な利益にとって必要な場合、です。そのため、EUでは、各組織が個人データを処理する前に一度立ち止まって、自らの処理業務がこれらのいずれの場合に該当するかを吟味することが要求されています。たとえば、公道を個人が撮影することとなる防犯カメラの設置であれば、過去に事件が発生し再び同じ事件が発生したときに調査するために必要であるという、管理者の正当な利益があれば認められるのです。

第二に、個人の権利保護に関する様々な強力な規定があります。たとえば、同意とは、自由意思に基づき、特定の事項について、あらかじめ通知を受けた上での、データ主体の明確な意思表示を意味します。そのため、インターネットの利用に際して、本人が明示的に同意していないにもかかわらず、クッキー等の隠れた識別子を本人の知らないところで端末に埋め込むことは、GDPRにおける同意に違反することになります。[7] また、EUにおける事前同意としてのオプトインとは異なり、アメリカでは事後の同意の撤回としてのオプトアウトの仕組みが奨励されてきましたし、州法レベルではオプトアウトが規定されています。日本の個人情報保護法はクッキーを正面から規制しているわけではありません。

さらに、スペインではサッカーのリーガ・エスパニョーラの公式アプリをインストールすると、携帯電話のマイクがリモートでアクティブになり、サッカーの試合当日の利用者の音声が録音されていた事実が判明しました。スペインでは、ライセンスを取得したサーバーのみがサッカーの試合を放送できるというルールを遵守しているかチェックするため、プライバシーポリシーにこのアプリを通じた音声の聞き取りがあることを明記した上で調査していました。スペインのデータ保護監督機関は、利用者がプライバシーポリシーに同意のクリックをしていたとしても、利用者の携帯電話のマイクを通じた音声の聞き取りは同意の違反になるとして、二五万ユーロの制裁金を命じました。ここでは、利用者の音声を聞き取り録音するためには、アプリをダウンロードする際にプライバシーポリシーへの同意をするだけでは不十分であり、聞き取りのためのマイクをアクティベートするたびに利用者に通知し同意を取得しなければならないと判断されました。[8] スマートフォンのアプリで位置情報の利用について、その都度同意を求めてくるのは、実はEUにおける厳格な同意モデルがあるためです。

このほかに、忘れられる権利、データポータビリティの権利、プロファイリングを含む自動処理の対象とされない権利といった、日本では明文化されていない権利が規定されています（第5章参照）。

第三に、個人データの管理者・処理者等への厳格な義務があります。個人データの管理者等は、大規模なデータ処理を行う場合、データ保護責任者という、独立して職務に専念する専門家を配置することを義務付けています。実際、医療機関や通信企業でこの責任者を配置しなかったため、制裁金が科された事例があります(9)。

また、データ漏洩等の侵害事案が起きた場合、管理者等は事案発生を知ってから七二時間以内の監督機関への通知が義務付けられています。EUの中でも最も厳格な対応を行ってきたオランダは、EUの複数の国において漏洩が発生したウーバーの事案では主導的に調査を行い、監督機関への通知を迅速に行わなかったとして制裁金を科しました。

第四に、GDPRがEU以外の第三国にも注目されるのは、個人データの越境移転の厳格な規律が存在するためです。EUには、一九九五年のデータ保護指令以降、GDPRにおいても個人データ移転における第三国の「十分な保護の水準」を規定しています。すなわち、原則として、アメリカを含む第三国が個人データ保護の「十分な保護の水準」を確保している場合に限り、欧州経済地域からの個人データの移転が認められていました。これまでのところ欧州委員会は、日本のほか一一カ国・地域のみが十分性の要件を満たしていると認定しています。グローバル企業はEU域内において収集した個人データを第三国へ転送する場合、自由にこれを行うことができず、標準契約条項によって欧州委員会が示した契約書を用いるか、あるいは拘束的企業準則と呼ばれるEUの監督機関による企業体制審査を受け承認を得られた場合に、データの越境移転を行ってきました。これまでも中国の自転車レンタル企業が、ドイツ・ベルリンで事業展開していましたが、利用者の位置データを中国に移転している疑いがでたため、調査が行われたことが報道されました(10)。

これに関連して、GDPRが域外適用を認めている点にも留意する必要があります。すなわち、EU域内のデータ主体に対し、商品またはサービスの提供を行っている場合、または行動の監視(モニタリング)を行っている場合には、たとえ管理者が日本にあってもGDPRが適用される可能性があります。具体的には、日本への旅行を計画しているEU市民に対し、日本の旅館が英語等のホームページでユーロの支払いを可能とし、マーケティングを行う場合にはGDPRが適用される可能性が高く、情報提供や同意の手続を遵守する必要があります。

最後に、個人データ保護の権利の擁護者としての独立監督機関の存在を忘れてはなりません。独立監督機関は、行政機関や企業への立入検査権限をはじめとするデータ処理の停止命令や、制裁金を科すなどの強力な制裁権限を有しています。たとえば、ドイツ・ハンブルク州のデータ保護監督機関は、アパレルメーカーＨ＆Ｍが休暇をとったり病気欠勤した従業員の私生活に関する会話を組織的に録音し保存していたため、三五二五万ユーロの制裁金を科しました。

## 日EUの相互認証

プライバシーと個人データの保護に関する国際的勢力図は、ヨーロッパが覇権を掌握する中、幸いにも日本は二〇一九年一月二三日に、欧州委員会からの十分性決定という信認を得ることができました。同じ日に、日本の個人情報保護委員会は、欧州経済地域の三一カ国が日本の法制度に基づき同等であるとの決定を下しています。そのため、日ＥＵ間の越境移転を認めた相互認証と呼ばれます。

前述の十分性の要件により、日本の個人データの移転に伴う負担を除去する狙いから、日本の個人情報保護法制も改正を行うなどの対応を経て、ＥＵの十分性決定を得ることができたのです。ただし、日本の十分性決定は民間部門に限定されたとともに、既存の法制度のみでは不十分であるため、ＥＵから移転された個人データについてのみ上乗せの措置を講ずることとした補完的ルールが個人情報保護委員会により定められています。さらに、公的機関から民間部門の個人データへのアクセスが問題となるため、日本の法務大臣をはじめとする関係省庁によって、警察や防衛の分野からの民間の個人データへのアクセスに関する保護措置を記述した文書が十分性決定の条件とされたのです。

そして、欧州委員会による審査の過程において欧州議会と欧州データ保護評議会から様々な懸念が示されました。その一例は次のようなものです。

- 同意と透明性の義務についてＥＵ法における規定とは異なる。
- ＥＵの個人から救済システムに容易にアクセスできない。
- 個人情報の「取扱い」の定義について、ＥＵ法における個人データの「処理」に現実に一致するものかどうか確認が必要である。
- 委託の地位をめぐり明確性を欠いているかどうか確認が必要である。
- 個人の権利の制限が必要性と比例性を満たしているかどうか確認が必要である。
- 明文規定のない、同意の撤回の権利とダイレクトマーケティングに関する事案について、欧州委員会が監視すべきである。

- 明文規定のない、自動処理とプロファイリングに関する事案について、欧州委員会が監視すべきである。
- 日本のデータ保護システムにおける制裁と関連する救済の効果について、欧州委員会が監視すべきである。
- 捜査機関が企業からの自発的な個人データの提供を受けるとの日本側政府の説明について、監視の状況を確認する必要がある。
- 捜査機関から要請された管理者が、その要請に従うインセンティブが不明確であり、捜査機関から要請を受けた管理者による回答の件数と類型について追加情報が必要である。
- 都道府県公安委員会は警察の行為の監督以外の権限を有しているのかどうか、また同委員会が個人データの消去を命じることができるかどうか確認する必要がある。
- 新たな体制で、日本法に基づく監督と救済の欠点がすべて改善されているかどうか確認する必要がある。
- 補完的ルールが拘束力と執行力を有するかについて、欧州委員会が監視を継続すべきである。

このような具体的指摘事項は、単刀直入に言ってEU側からみた日本の法制度の不備であり、今後の日本の法制度を考えるにあたっても極めて重要です。特にEUのデータ保護専門家が懸念していることは、日本の法制度が官民それぞれ区分されていて、独立した監督機関である個人情報保護委員会の権限が民間部門にしか及ばないことです。これが大きな原因となり、捜査機関による民間企業の個人データへのアクセスに伴う懸念が示されてきました。EUとアメリカとの間での懸案事項として顕在化してきたことではありますが、個人情報保護委員会の権限が捜査機関による民間の個人データへのアクセスのチェックにも及ぶこととなれば、適正な捜査活動への信頼も担保されるとともに、個人データ保護への懸念も小さくなると考えられます。

いずれにしても、EU側から日本への注文事項があることは確かですが、日EUの対話は前向きで将来志向であり、今後も継続されるべきであると考えられます。

## 2　米欧のデータ戦争

### 米欧の衝突

外交問題の専門雑誌『フォーリン・アフェアーズ』が「大西洋岸のデータ戦争」というタイトルの論文を掲載したことがありますが、データ保護をめぐるアメリカとヨーロッパとの緊張関係を的確に言い当てていると考えられます[11]。

プライバシーが外交問題に発展するきっかけの一つとして、セーフハーバー決定無効判決があります。セーフハーバー決定（アメリカ側はセーフハーバー協定と呼んでいました）とは、二〇〇〇年七月二六日、欧州委員会が欧州経済地域からアメリカへの個人データの移転について、アメリカ商務省が示したセーフハーバープライバシー原則等を遵守した企業を対象に「十分な保護の水準」を満たしていることを認定する決定です。この決定により、二〇一五年までにIT大手企業を含む四五〇〇社以上のアメリカ企業は十分な保護の水準を満たしているとみなされ、欧州経済地域からアメリカへ個人データを移転することができました。

しかし二〇一五年一〇月六日、EU司法裁判所は、アメリカとEUとの間で個人データの移転を認めるセーフハーバー決定を無効とする判決を下しました。この判決により、多くのアメリカ企業は、EUから顧客や従業員のデータをアメリカに移転することが原則として禁止されることとなったのです。

## 政治的妥協としてのセーフハーバー決定

アメリカは、連邦レベルの包括的な個人データ保護法がないため、データ保護指令のもとでは「十分な保護の水準」を満たしている国とはみなされてきませんでした。そのため、サービス貿易に伴う個人データの移転を可能とするため、米欧の貿易衝突を回避した政治的妥協の産物としてセーフハーバー決定が誕生しました。

アメリカにとっては、EUデータ保護指令は、「余計なお世話だ」とみなされてきました。つまり、グローバルに展開するアメリカ企業には、EUの干渉によって、EUからアメリカへの個人データの移転を止められることへの不満感がありました。その上、EUの法制度に類似するセーフハーバー決定に示されたプライバシー保護の原則の遵守は、当時クリントン政権が表明したばかりの、各企業の自主規制によるプライバシー保護の体制と相容れない側面がありました。

他方で、当初からセーフハーバー決定については、EU側から懸念が表明されてきました。EU市民の個人データがひとたびアメリカ国内に移転されてしまえば、データブローカーへ売却されたり、外部へ漏洩するリスクなどがあるためです。また、プライバシーポリシーすら公表しないアメリカ企業があり、企業がセーフハーバー決定に示された苦情処理手続に従った場合でも、ＥＵの個人には手数料の支払いがかかる上に、アメリカ法に基づいて紛争解決手続が進められることとなっていました。

米欧の間で不信感が募る中、二〇一三年六月、エドワード・スノーデンの告発により、国家安全保障局がアメリカの大手ＩＴ企業を通して通信を大量監視していたことが明るみに出ました。監視の対象には、ＥＵ加盟国を含む世界中の一般市民も含まれていました。

当時、欧州委員会の司法コミッショナーであったヴィヴィアン・レディングは、『ニューヨーク・タイムズ』への投稿記事で「再び行いました。再びプライバシーの基本権への違反です。再び市民の抗議です。再び個人データの安全への市民の信頼を損ねました」と強い口調でアメリカの大量監視を非難しました。レディングは、セーフハーバーはもはやセーフではない、と批判し、セーフハーバー決定の見直しを表明しました。欧州議会はアメリカ国家安全保障局による大量監視を問責し、セーフハーバー決定を即座に停止する決議まで採択しました。

これを受け、二〇一四年三月の米欧首脳会談において、当時のオバマ米大統領は、セーフハーバー決定の遵守を強化していくことを表明し、政治決着により、かろうじてセーフハーバー決定は延命措置がとられてきました。

## シュレムスⅠ判決

セーフハーバー決定の延命措置は長くは続きませんでした。

オーストリアの学生であったマックス・シュレムスは、スノーデンの告発を受け、セーフハーバー決定の恩恵を受けていたフェイスブックの保護水準が不十分であり、セーフハーバー決定に基づくアメリカ企業の個人データ保護は「十分な保護の水準」を確保していないことを法廷において主張していきました。ヨーロッパのデータベースセンターがあったアイルランド裁判所において本件は提起され、EU司法裁判所へと係属されました(12)。

そして、EU司法裁判所は、約一五年間継続してきた欧州委員会によるセーフハーバー決定を無効とする判決を下しました。EUデータ保護指令のいう「十分な保護の水準」とは、アメリカを含む第三国に対して、EUにおける基本権と自由の保護と「本質的に同等とされる保護の水準」を意味すると示されました。十分性の要件の背景には、第三国に移転されたとしてもEU市民の個人データの保護の権利が継続的に高度な水準で維持されなければ、EU基本権憲章で保障された個人データ保護権が侵害されてしまうためです。

その上で、アメリカの監視体制について、第一に、セーフハーバー決定には、国土の安全等を理由とする大規模かつ無差別な監視による干渉に対する効果的な措置が定められていませんでした。そのため、セーフハーバー決定による認証を受けたアメリカ企業は、プライバシーの原則よりも国土の安全等に関するルールを何の制限もなく優先させることができる体制となっていたのです。

第二に、国土の安全保障にとって厳密に必要とされ、それに比例する目的を超えて移転された個人データが利用されているにもかかわらず、個人が自らのデータへアクセス、訂正、削除を行うことや、救済のための行政的手段や司法審査を受けることが保障されていないことが法の支配の観点から問題視されました。ＥＵにおいては、たとえ国土の安全保障目的であったとしても、違法なデータアクセスのリスクに対し効果的な救済体制が整備されていなければなりません。セーフハーバー決定は、このような救済措置の観点からＥＵ法秩序とは相容れない内容となっていたのです。

この結果、アメリカとのセーフハーバー決定が、ＥＵの法秩序で保障されている基本権と自由の保護と「本質的に同等とされる保護の水準」を満たしていないと結論づけられたのです。

これにより、フェイスブックを含む四五〇〇社を超えるアメリカ企業が、セーフハーバー決定の無効に基づいて欧州経済地域から個人データをアメリカに移転することができなくなりました。これに違反して個人データの移転を継続していた企業が実際、ドイツ・ハンブルク州のデータ保護監督機関から制裁金を科された例もあります。

### シュレムスII判決

シュレムス判決の後、EU域内に進出しているアメリカ企業がEUからの個人データの移転を可能とする新たな枠組みの構築のため、アメリカとEUとの間で政治交渉が行われました。そして二〇一六年七月に、アメリカ商務省と欧州委員会との間で「プライバシー・シールド」という新たな枠組みの合意に至りました。

従来のセーフハーバー決定との違いとして、たとえ安全保障の目的であっても、アメリカの政府等の機関による個人データへの無差別で大量のアクセスを防止するため、アメリカ国務省内に独立した監督権限を有するオンブズパーソンの配置がされるほか、EU市民からの苦情申立への対応、さらに外国人に対する救済措置を規定したアメリカの司法救済法が整備されるなどがありました。また、毎年、運用状況について報告書が作成されることとされ、アメリカ側の苦情申立への対応と救済の状況が公開されています。

しかし、フェイスブックの個人データをケンブリッジ・アナリティカに提供した事件について、二〇一八年三月にイギリス情報コミッショナーオフィスが調査を開始し(第1章参照)、この事件を受けて二〇一八年七月、欧州議会はプライバシー・シールドの停止を求める決議を採択しました。プライバシー・シールドは、すでに無効と判断されたセーフハーバー決定の単なる化粧替えにすぎないと言われてきましたが、さらに、シュレムスはプライバシー・シールドの無効を求め訴訟を提起し、ＥＵ司法裁判所で審理されました。また、フェイスブックがデータ保護指令のもとで認められた標準契約条項を用いて個人データを欧州経済地域からアメリカへと移転していたため、欧州委員会が認定した標準契約条項による移転の場合であっても、アメリカの監視を受けることには変わりがないとして、提訴しました。

二〇二〇年七月一六日、ＥＵ司法裁判所はプライバシー・シールドを無効とする判決を言い渡しました。[13] これにより、米欧の首脳レベルでの政治決着としてのプライバシー・シールドもまた覆され、約四五〇〇社のアメリカ企業が認証を受けていたこのデータ移転の枠組みが廃止されました。

ＥＵ司法裁判所がプライバシー・シールドにおいて問題としたのは、実効的な権利救済の構造です。すなわち、ＥＵ市民は、独立的かつ中立的な裁判所における法的訴訟の提起の可能性を有していることが前提とされているにもかかわらず、①プライバシー・シールドにおけるオンブズパーソンは裁判所には該当せず、効果的な司法救済としては不十分であること、②大統領令[14]による救済措置は、法的拘束力がなく、執行可能な権利を付与しているとは認められないこと、などを理由に法の支配の要請を満たしていないと指摘されたのです。これにより、プライバシー・シールドはわずか四年足らずの短命で終わることとなりました。

EU司法裁判所は、個人データを移転するためには、①適切な保護措置、②データ主体の執行可能な権利、③効果的な法的救済という三要件を示しており、このことはアメリカへの移転にかかわらず、標準契約条項についても当てはまることを示しています。標準契約条項には、特約として、追加措置を各企業が追記することができるため、無効とはされませんでしたが、各企業が、政府等からの個人データへのアクセスの可能性がある場合に、必要な措置を講じなければならないことが明確にされました。

このように、EUの基本権としての個人データ保護の権利がシュレムスI・IIの二つの判決を生み出しました。シュレムスI判決後にEU司法裁判所のクーン・レナーツ長官が、安全保障が理由であっても基本権の本質を弱めるような措置は正当化されない、と論じたことがEUの基本姿勢を物語っています[15]。

シュレムスI・II判決は、アメリカのみならず、日本を含む第三国に対して同様の基準を強いるものであるため、日本の十分性決定についても波及するものとなります。特に日本の十分性

異が、規制アプローチにも違いを生み出し、その結果としてセーフハーバー決定やプライバシー・シールドという政治的妥協をもたらし、そしてその妥協がＥＵ側の司法判断によって無効とされたという一連の構造を看取することができます。

このような思想に加えアメリカとヨーロッパには、プライバシー保護に関する法制度においても顕著な差異がみられます。

第一に、プライバシー保護の立法について、アメリカでは分野別の個別立法で対処されるのに対し、ヨーロッパでは包括的な個人データ保護法による規律で対応してきました。アメリカでは、連邦政府を対象とするプライバシー法とは別に、州レベルでの立法、さらに民間部門では、電気通信、運転免許、医療、金融、児童のオンライン活動、信用情報、遺伝子の各分野において個別のプライバシー立法、そして連邦取引委員会が示した個人情報の収集利用に関する公正情報取扱慣行の原則が存在しています。これに対し、ヨーロッパでは、憲法レベルにおける明文でのプライバシーと個人データ保護に関する各規定のほか、官民に共通する個人データ保護法制がＥＵレベルでも、またＥＵの加盟国レベルにおいても整備されてきました。

第二に、アメリカとヨーロッパとのプライバシーをめぐる衝突は、規制のアプローチからも理解することができます。すなわち、インターネットの規制について、市場の自主規制に委ねるべきか、あるいは政府の介入による規制を必要とするか、という問題です。アメリカでは、一般論として、禁止事項を列挙する消極的義務を課し、応答的(リアクティブ)な形で、事後に個別の違反事例について司法手続による解決を好む傾向にあります。これに対し、ヨーロッパでは、独立した個人データ保護の当局が事前に規制枠組みを提示し、各組織に積極的(プロアクティブ)義務を課す形で、当局による調査が行われる体制を採用してきました。両者の違いについて、ヨーロッパでは政府からの指揮監督について一切の影響を受けない独立した監督機関こそが個人データ保護の重要な擁護者であるとみるのに対し、アメリカでは個人データ保護の規制当局こそがビッグブラザー(巨大監視組織)のように各組織を監視する機関であるとみています。また、規制アプローチを論じる際に、「市場の失敗」を強調するヨーロッパに対し、「政府の失敗」ないし「規制の失敗」を牽制するアメリカとの態度の違いについても特に検討が必要となります。

もちろんアメリカとヨーロッパとの対比を過度に単純化することは適切ではありませんが、少なくとも、現実に両者は衝突を繰り返してきました。そして、衝突の繰り返しからも理解できるように、プライバシー権は単なる法制度や条文の違いのみから生じているのではなく、むしろプライバシー権を支える自由と尊厳という思想が衝突の引き金になっているとみることができます。

## 忘れられる権利をめぐる衝突

ＥＵのＧＤＰＲには、削除権（忘れられる権利）が明文化されています（第一七条）。忘れられる権利とは、インターネット上の検索結果に表示される個人データの削除を請求する権利です。たとえ本人が自ら投稿した写真等の個人データであっても、本人が同意を撤回した場合には、その個人データは忘れられることを求めることができるのです。また、インターネット上に削除の対象となる個人データを掲載している管理者は、たとえ個人データが第三者により掲載されたとしても、これを削除する義務を負うことになります。

人は忘れてしまいますが、インターネットは忘れません。記録された個人データが半永久的にインターネット上に公開され続けることで、特に未成年者の場合には、個人の人格形成に影響を及ぼすことがあります。たとえ当該個人データが真実であっても、自由な人格発展への干渉を排除するため、様々な論争を乗り越え、忘れられる権利はＥＵにおいて確立していきました。そもそもの出発点として、プライバシー・バイ・デザインあるいは初期設定でのデータ保護の発想からは個人がインターネット上で調べものの対象となること自体、矛盾する部分があり、また人間の尊厳の思想とも相容れないと考えられてきました。また、忘れられる権利は、時の経過により、もはや関連性がなくなった個人データの削除を認めている点において、過去により現在や未来が支配されないために、プライバシー権は個人の時間も保護の対象としていると考えられるようになりました。

忘れられる権利が実質的に容認されたのは、二〇一四年五月一四日、EU司法裁判所のグーグル・スペイン判決においてでした[18]。本件は、スペイン在住の男性の、社会保障費の滞納を理由とした不動産競売に関する一六年前の新聞記事が、オンラインで検索可能な状態にあり、新聞社とグーグルに対しこの男性が個人データの削除を求めた事案です。新聞社のアーカイブス記事における個人データの削除は認められませんでしたが、EU司法裁判所は、この男性側が主張する「忘れられる権利」に沿う形で、グーグルに表示される検索結果の削除を命じました。すなわち、個人データ処理の本来の目的からみて「不適切な、無関係もしくはもはや関連性がない、または過度な」情報については検索結果に表示される個人データの削除が認められると判断しました。EU司法裁判所は、グーグルの経済的利益と市民が情報にアクセスする利益と、個人データ保護の権利の公正な衡量を行い、①当該情報の性質、②私生活にもたらされる機微性、および③当該情報が有する公共の利害を考慮することとしました。なお、公人は忘れられる権利を行使できないとの留意点も先決判決において言及されています。GDPRには、「削除権(忘れられる権利)」(第一七条)が明文化され、その要件と効果が規定されていますが(表4参照)、一九九五年のデータ保護指令のもとでは、同様の規定がないため、忘れられる権利が認められるかどうかが問題となりました。そのため、要件効果が明文で定められていなかったにもかかわらず、EU基本権憲章における私生活尊重の権利と個人データ保護の権利を参照しつつ、データ保護指令の解釈として実質的に忘れられる権利を認めた点が注目を集めました。

これに対し、表現の自由を重視するアメリカの研究者からは、グーグル・スペイン判決に対し多くの批判が浴びせられました。たとえば、アメリカのインターネット法の研究者であるジョナサン・ジットレインは、グーグル・スペイン判決の論理は「検閲の一形態」であり、合衆国憲法で保障される表現の自由に反すると厳しく批判しました(19)。社会保障費の滞納による不動産の競売の事実は、真実に基づく報道であり、かつ裁判所による決定の公的な情報であるため表現の自由として保障されるべきであるというのです。

さらに、グーグル・スペイン事件において、検索事業者は個人データの保護責任を負うべき管理者とみなされるか否か、という争点がありました。EU司法裁判所は、グーグルが個人データの全面的な拡散という決定的役割を果たしているため、管理者としての責任を肯定しまし

表4　GDPRにおける削除権(忘れられる権利)の要件・効果・例外

| |
|---|
| 要件(いずれか1つの要件を満たす必要がある) |
| ①収集・処理された目的との関係において個人データがもはや不要になった場合<br>②データ主体が同意を撤回した場合・処理の法的根拠を欠く場合<br>③処理への異議申立が行われ，処理の正当な根拠を欠く場合<br>④違法に個人データが処理された場合<br>⑤ EU法・加盟国法に基づき削除が義務付けられている場合<br>⑥児童(16歳未満)の個人データを処理する場合 |
| 効果 |
| 個人データに関するリンク，コピーまたは複製の削除請求があったことの通知 |
| 例外 |
| ①表現の自由の権利行使の場合<br>② EU法・加盟国法に基づき法的義務を履行するなどの場合<br>③公益目的，科学・歴史研究，統計目的に資する場合<br>④法的権利の立証・行使・保護に必要な場合 |

た。しかし、アメリカでは、通信品位法第二三〇条において、検索事業者は他者が提供した情報の発行者であるとはみなされず、あくまで配布者であり、そのため当該情報の内容への免責が規定されています。すなわち、グーグルは駅で週刊誌を販売する売店のような存在であり、たとえ販売した週刊誌にプライバシー侵害の内容が含まれていたとしても、駅の売店は責任を負わない、という考えに基づいています。そのため、グーグル・スペイン判決についても、グーグルが男性の過去の記事を発行しているわけでなく、あくまで配布者であり責任は負わないと整理することができます。

グーグル・スペイン判決後の争点の一つは、忘れられる権利の射程でした。すなわち、グーグルのドメインにおいて、フランスからの削除請求が認められた場合、非表示の範囲がフランスのドメイン(google.fr)のみなのか、フランスからのアクセスの場合にはあらゆるドメインが非表示にできるのか、または全世界の利用者が閲覧できないようにグーグルの検索結果から非表示にできるのか、という問題が審議されました。フランスのデータ保護監督機関であるCNILは、削除決定は全世界の利用者が閲覧できないようにする措置を講ずるべきであるとして、これを怠ったグーグルに制裁金の支払いを命じました。グーグル側は、フランスにおける機微性とアメリカやその他の地域における機微性は異なることを主張し、EU司法裁判所において争われました(20)。

二〇一九年七月の先決判決において、グーグル側の主張を受け入れ、原則として、EU域内において非表示の措置を講ずる義務があるものの、EU域外からのアクセスについてまで非表示の義務は負わないと判断されました。このように、EUの忘れられる権利とアメリカの表現の自由との衝突は、インターネット上の個人データの非表示をめぐり規制の分断化をもたらしてきたのです。

## 忘れられる権利に関する日本への示唆

忘れられる権利をめぐりアメリカとヨーロッパにおいて対照的な態度が示される中、日本でも検索事業者が提供する検索結果の削除請求について裁判で争われました。

過去の犯罪報道がインターネット上の投稿に残り、その個人の氏名を検索するとこの事実が表示され続けたため、削除を求める仮処分申立が多く問題となってきました。たとえば、二〇一五年一二月二二日、さいたま地方裁判所は、「一度は逮捕歴を報道され社会に知られてしまった犯罪者といえども、人格権として私生活を尊重されるべき権利を有し、更生を妨げられない利益を有するのであるから、犯罪の性質等にもよるが、ある程度の期間が経過した後は過去の犯罪を社会から「忘れられる権利」を有するというべきである」という決定[21]を下しています。

これに対し、この事件の東京高等裁判所の決定[22]において、「「忘れられる権利」は、そもそも我が国において法律上の明文の根拠がなく、その要件及び効果が明らかではない」として、「人格権の一内容としての名誉権ないしプライバシー権に基づく差止請求権」として処理すればよいとの考え方を採りました。

この事件の最高裁決定では、忘れられる権利の判断には踏み込まずに、削除請求する者のプライバシーの権利と検索事業者の表現の自由(表現行為という側面)との比較衡量の判断枠組みを示しました。[23]すなわち、プライバシーに属する「事実を公表されない法的利益と当該URL等の情報を検索結果として提供する理由に関する諸事情を比較衡量して判断すべきもので、その結果、当該事実を公表されない法的利益が優越することが明らかな場合には、検索事業者に対し、当該URL等情報を検索結果から削除することを求めることができる」と判断しました。この比較衡量には、①当該事実の性質及び内容、②当該URL等情報が提供されることによってその者のプライバシーに属する事実が伝達される範囲とその者が被る具体的被害の程度、③その者の社会的地位や影響力、④記事等の目的や意義、⑤記事等が掲載された時の社会的状況とその後の変化、⑥記事等において当該事実を記載する必要性など、を踏まえることとされています。

インターネット削除請求に関する最高裁の判断枠組みは、実は週刊誌や小説におけるプライバシー侵害の事案とほぼ同じ枠組みを踏襲しています。前記の比較衡量と六点の考慮事項は、週刊誌が少年事件の内容を推知できるような状態で少年に関する事実を記載したことが、プライバシー侵害となるかが争われた長良川事件報道訴訟[24]において、かつて最高裁が示したものとほぼ重なりあっています。しかし、検索事業者に対するプライバシー侵害の差止め請求訴訟においては、検索事業者が果たす「現代社会においてインターネット上の情報流通の基盤としての大きな役割」に着目し、プライバシーの利益が優越することが「明らかな」場合に限定しています。日本では、アメリカのような検索事業者の免責を認めてはおりませんが、他方で、ヨーロッパのような強力なプライバシー権を保障しているわけでもありません。インターネット上の表現の自由の意義を十分に踏まえつつ、プライバシーの権利についても配慮していく、という基本的な姿勢がうかがえます。

法律家からすれば、人の記憶から個人に関する情報を忘れさせることを執行することはできない以上、忘れられる権利など存在しない、ということになりそうです。しかし、ここでいう忘却とは、インターネットから特定の個人データを忘れさせることを企図しており、その背後にある思想は過去の呪縛からの個人の自由な人格形成にあります。権利の名称にこだわることなく、ヨーロッパにおいてなぜ忘れられる権利が真剣に議論され、そして法制化されてきたのかについて、インターネット上のプライバシー問題が生起する日本でも問題意識を共有する必要があると考えられます。

## 4　国境とプライバシー権

## マイクロソフト事件

インターネット空間には国境がないため、どこの国の主権が及ぶかという問題が生じます。アメリカは、既存の刑事共助条約や証拠調べの嘱託状のほかに、外国に保全されたデータへのアメリカの法執行機関によるアクセスをより円滑に行うため、二〇一八年三月「ＣＬＯＵＤ(Clarifying Lawful Overseas Use of Data)法」を成立させました。

この背景には、マイクロソフト事件[25]がありました。マイクロソフト事件は、一九八六年保全通信法に基づき、アメリカの裁判所発付の令状によって、アメリカ域外にあるマイクロソフトのアイルランドのデータベースセンターに保存されていた電子メールの開示の可否が争点となっていました。ニューヨーク州南部連邦地裁は令状の効力を認めたのに対し[26]、第二巡回区連邦控訴裁判所は令状の域外適用の効力を否定しました[27]。マイクロソフト事件では、米国のGoogle–Apple–Facebook–Amazon(いわゆるＧＡＦＡ)の大手ＩＴ企業のみならず欧州委員会や欧州議会議員等からも意見書が提出され大きな注目を集める中、二〇一八年二月二七日に口頭弁論が行われました。そこから一カ月も経たないうちに、ＣＬＯＵＤ法への大統領署名がなされました。ＣＬＯＵＤ法の成立とともに、連邦最高裁はマイクロソフト事件について争訟たる要件を満たさなくなったとし、実質的な判断が見送られたのです。

マイクロソフト事件は、国境を越える捜査について、プライバシーが一つの障壁となっていると単純な理解もできますが、この事件は、個人データに国籍は存在するか、という問いを投げかけているのです。すなわち、アメリカ国籍を有する者の個人データは、世界のどこに保存されていても、アメリカ法が適用されるのか、あるいはそのデータが保存されている国の国籍へと変わるため当該国の法令が適用されるのか、という問題です。

プライバシー権は、データではなく、個人を保護の対象としています。そのためデータの国籍を問わず、データ保護法が及ぶとするのがヨーロッパの理解です。ドイツ連邦憲法裁判所はこのことを明確にしています。二〇二〇年五月一九日、ドイツ連邦憲法裁判所は、ドイツ諜報サービスによる他国の外国人の通信の監視がプライバシー権の侵害になると判断した判決において、基本権の保障は、どこにいようと、誰に対してであろうと、そしてどのような方法であろうと及ぶ、と判断しています(28)。依然として解決されていない問題が残っていることは確かですが、国境を越えて個人データ保護の権利の普遍性をとくヨーロッパは、インターネット空間においてアメリカとヨーロッパとの新たな衝突の引き金となっています。

## データナショナリズム

データ戦争は、米中間においても生じています。中国企業により運営されているＴｉｋＴｏｋは、日本やアメリカでも動画共有アプリとして未成年者を中心に広く利用されています。アメリカのトランプ前大統領は、二〇二〇年八月六日大統領令を発出し、中国政府がＴｉｋＴｏｋを利用するアメリカ人の個人情報へのアクセスを行うことができるため、ＴｉｋＴｏｋを運営するバイトダンスとの取引を禁止することを発表しました。中国政府が中国企業を経由してアメリカ人の個人データにアクセスできるという理由で果たして個人データの流通を止めることができるかどうか、アメリカでは表現の自由ともかかわる問題であり、今後の動向が注目されます。

いずれにしても、ここでは「データの国籍」が問題となっています。すなわち、誰のデータであれ、そのデータが保存される領土の国の法律に従うべきか否かという問題です。中国やロシアには、データローカライゼーションという海外から移転されたデータを自国の設備に保存することを義務付ける法律があります。これは、データを自国のものにしようとする「データナショナリズム」を志向していると言うことができます。このようなデータローカライゼーションの動きによって、自由なデータ流通が阻害されることに伴う貿易やデジタル政策への影響が懸念されてきました。実際、データローカライゼーションに抵抗するため、環太平洋パートナーシップ（TPP）や日米デジタル貿易協定には、データ保存のためのコンピュータ関連設備の自国への設置の義務付けを禁止する条項が設けられた経緯があります。

こうして世界の動向を見ると、EUはアメリカへのデータ移転を制限して緊張関係が継続しつつあり、またアメリカは中国によるデータ利用を制限して安全保障を理由としたプライバシー問題が提起されているという、プライバシー権をめぐる世界の構図を理解することができます。プライバシーが外交的であると表現されるのはこのような国際的事情によるものです。

日本はこのようなデータをめぐる国際情勢を見極め、プライバシーを保護する立場を堅持しつつ、信頼あるデータ流通の環境を主導していくことが求められています。二〇一九年に日本政府がG20大阪サミットにおいて「信頼性のある自由なデータ流通（Date Free Flow with Trust）」を唱道したのはこのような狙いがあると考えられます。

# 第5章　プライバシー権をめぐる新たな課題

## 1　監視とプライバシー権

### 新型コロナウイルス対策

かつてミシェル・フーコーは、ペストの流行に伴う監視の文脈において、「動くものは死をもたらし、しかも、動くものは殺される」と論じたことがあります。[1] すなわち、人が動けば、ペストに感染して死んでしまうし、ペストで死なないにしても、動く者は監視員に殺されるのです。

ペストに襲われた都市における監視との区別をするため、フーコーの著書にはベンサムの「パノプティコン」が引き合いに出されていました。パノプティコンとは、中心の塔から監視者が、その塔を円周状に取り巻く建物の独房の様子を見ることができるが、その逆に監視者は塀により見られないという視線の不均衡をもたらす建築の設計です。ここでは、高い塔から監視者が実際に個々の独房の人を見ていることが問題ではなく、見られている側に対する可視性による自己規律を促す権力構造が重要なのです。人間は、他者の視線を気にして生きているのです。

二〇二〇年から世界中で猛威をふるった新型コロナウイルス感染症の対策をきっかけに、感染者および一般の人々の行動の監視がどこまで許容されるかについて各国で議論になりました。国によって感染状況は異なるため、プライバシー保護のあり方を一概に比較することは困難です。それでもなお、プライバシーをある程度犠牲にしてでも感染者の追跡や行動制限を行った国がある一方で、日本ではプライバシーを最大限尊重し、感染者の位置情報を追跡するような方法ではなく、感染者との接触を確認できるスマートフォンアプリを自主的な形で利用することを奨励してきました(表5参照)。

現代の技術を用いれば、人の行動を監視することは簡単です。たとえば、韓国では、感染者の追跡を徹底するため、クレジットカードの利用履歴、防犯カメラの映像、そしてスマートフォンの位置情報をマッチングさせて個人の行動を監視し、自治体では感染者の所在を公表してきました。感染症対策として一定の効果はあったようですが、個人のプライバシーの権利を犠牲にし、緊急時が平時の前例となりかねないか、事後の検証が求められます。また、ハンガリーでは、二〇二〇年五月四日、ウイルス感染防止の緊急事態を理由に、政府が立憲的統制を解除するべく、個人データ保護法が保障する権利の執行を停止する政令を発出しました。

このような個人のプライバシー権を犠牲にしてでも、緊急時において感染症の対策を優先さ

表5　主な国における接触確認アプリの概要(2020年9月時点)

| | 日本 | ドイツ | フランス | イギリス | アメリカ |
|---|---|---|---|---|---|
| アプリ | COCOA | Corona-Warn | StopCoivd | NHS Covid-19 | COVIDWISE(ヴァージニア州), Covid Watch(アリゾナ州), COVID Trace(ネバダ州), Care19 Alert(ワイオミング州)など |
| ダウンロード数 | 約1663万 | 約1800万 | 約230万 | 約60万(スコットランド) | — |
| 通　知 | 710件 | 3012件 | 72件 | | — |
| 管　理 | 分散管理 | 分散管理 | 中央管理 | 分散管理 | — |
| 位置情報 | 位置情報利用なし | 位置情報利用なし | 位置情報利用なし | 位置情報利用なし | — |

せるという選択肢があることは確かでしょう。しかし、プライバシーの権利の侵害は定量化することが困難であり、気付いたときに事後に救済することができません。そのため、たとえ緊急時であっても基本権としてのプライバシー権の保護の水準を下げることなく、いかに効果的に感染症等の対策のために個人データを活用していくか、という発想が重要となります。

欧州データ保護監督機関は、感染症対策として、感染者との接触を確認するための追跡アプリの開発の条件として、次の四点を示しました。

①データ処理が明確かつアクセス可能

なルールに基づいて行われるという要件
②正当な目的に関する必要性と比例性の証明
③独立した監督体制の存在
④個人に対する効果的な救済の利用

この四要件は、もともと諜報活動を含む安全対策に伴う個人データ保護の要件です。この要件は、緊急時における感染症対策においても妥当するものとされました。この四要件を遵守する形で、たとえばドイツでは、コロナ警告アプリが開発されました。このアプリは、ブルートゥース機能を用いて個人のスマートフォンのみで接触が記録される仕組みで、国がこの接触記録を一元的に管理しません。位置情報も収集していません。運用前には、プライバシー侵害の可能性がないか連邦のデータ保護コミッショナーが事前に影響評価の審査を行うなどの監督体制も整備されています。そのため、各人の任意の判断でダウンロードできる、プライバシー保護に優れた設計になっています。また、フランスでは、データ保護監督機関がアプリの改善点を要求し、アプリを緊急事態解除宣言から六カ月の期間限定の利用として立法化してきました。

ちなみに、ノルウェーでは、追跡アプリにおいて位置情報の収集を行っていたため、二〇二〇年六月一二日、データ保護監督機関がアプリの利用禁止の決定を命じ、保健当局は収集したすべてのデータの削除を行ったという例もあります。

ヨーロッパでは、緊急時においてもプライバシー保護の水準を下げることなく、感染症対策に果敢に取り組む姿勢がみられたように思います。欧州議会のオンライン会議においてボーチェック・ビューロスキー欧州データ保護監督官がこの四要件を示した際に、「危機のときにおいてこそ我々が手にしている価値へのコミットメントを評価することができるのです」と証言したことは象徴的でした。

### 日本の場合はどうだったか

日本においても、新型コロナウイルス感染症の対策について、プライバシー権との関係でみれば、憲法秩序を維持した上で、接触確認アプリ(COCOA)を開発してきました。日本のアプリもドイツのものと似ており、分散管理、位置情報の収集なし、そしてアプリの利用を任意としました。このアプリは、感染者システムから発行される処理番号および登録した陽性者の端末から送信される診断キーを用いて通知される仕組みですが、この処理番号と診断キーはいずれも特定の個人を識別できる個人情報・要配慮個人情報に該当しうると整理されています。

そのため、アプリの利用について、利用者の同意を得ることを条件とし、また情報のライフサイクル（取得、保管、利用、移転、削除）の各過程において、プライバシーに対する十分な配慮がなされる必要がある、とされています。[2]ドイツと異なる点は、公的部門への、事前に、そして継続的にプライバシー侵害の運用がないかをチェックする独立した監督機関が存在していないことです。

システム技術上の不備や陽性者との接触の通知を受けた後の対応のあり方などの課題があったことは確かですが、少なくともプライバシー権を一方的に犠牲とすることなく、感染症対策に個人データを有効に活用しようとした取り組みの一つであったと評価することができるでしょう。ただ、各国と異なり、日本では、なぜこのようなプライバシー保護に優れた方法を選択したのかの理由についてはあまり議論されず、プライバシーの感覚によって接触確認アプリが設計されたようにも見受けられます。

この点、緊急時や災害時において、個人のスマートフォンなどの位置情報や基地局情報を取得し利用することができるかという問題があります。位置情報はそれ自体で、個人の行動、趣味嗜好、宗教、政治的見解、経済・健康状況、交友関係等の様々な機微に触れる情報を得ることができます。総務省の「電気通信事業における個人情報保護に関するガイドライン」（最終改正二〇一七年九月一四日）（第三五条二項および五項）によれば、本人の同意がある場合のほか、裁判官の発付した令状に従う場合その他の違法性阻却事由がある場合に限り、位置情報を第三者に提供することが認められています。ただし、救助者の捜索などのため、人の生命または身体に対する重大な危険が切迫し、なおかつ位置情報が不可欠な場合には、これを取得し救助活動に役立てることが認められています。このように、位置情報が有する高度のプライバシー性に配慮し、位置情報の取得や提供には厳格な要件が設けられています。

また、位置情報の利用をめぐり、捜査機関が自動車に装着したGPS端末から位置情報を得ることの許否が裁判所で争われたことがあります(第2章、参照)。最高裁判所(3)は、GPS捜査の手法が「個人の行動を継続的、網羅的に把握することを必然的に伴うから、個人のプライバシーを侵害し得るもの」として、個人の意思を制圧して「私的領域に「侵入」されることのない権利」(憲法第三五条)を侵害すると判断しました。さらに踏み込んで、GPS捜査について個々の裁判官による令状発付では的確な条件選択が困難であるため、GPS捜査の要件等を定めた具体的立法が必要であると指摘したのです。最高裁はGPS捜査そのものを否定しているわけではありません。ここでの争点は、捜査機関によるGPS捜査が認められるか否かではなく、GPS捜査についてプライバシー侵害がないか裁判所による審査、または具体的な要件を定めた立法が必要であるかどうかです。このように、位置情報そのものはプライバシーの中でも特に機微性を有する場合があり、厳格な要件とこの要件を遵守しているかを第三者である裁判所がチェックできることがGPS捜査の条件とされています。

鳥インフルエンザが蔓延したとき、人工衛星などとの間で送受信される電波の情報から鳥の移動を追跡する技術が用いられました。人間の移動について、動物を追跡する技術をそのまま用いるべきではありません。緊急時であっても憲法秩序に則り、先に示した四要件を遵守し、人間本位のデータ環境を設計することが求められるべきでしょう。

### 監視に対する監視

一定の監視を正当化する方法は、監視に対する監視を行うことです。監視が不当なプライバシー権への侵害の有無を監視し、必要に応じその監視のあり方の方向性を導くことで、当該監視に対する信頼が構築されるのです。パノプティコンの成功の秘訣は、監視者が見られないことが前提であり、視線の一方通行が権力を作り出しうるのです。問題の核心は監視が権力関係を生み出す契機となることです。フーコーの言葉を借りれば、権力が毛細血管にまで入り込み、人の行動を規制することになるのです。そこで権力を民主化するためには、情報公開制度と同じ論理で、視線の運用について透明性を担保することが重要となります。

これまでの個人データ保護法制の主要な狙いは、まさにこの監視権力の集中を防止するための措置であったと言っても過言ではありません。このことは、世界で最初に作られたドイツ・ヘッセン州の個人データ保護法において監督官を務めたサピーロ・シミータスが次のように言い当てています。

「ヘッセン州法は二つの主題を包含しています。一つは、伝統的な意味におけるデータ保護であり、それは自動的なデータ処理がもたらしうる危険から個人を保護することです。このことに加え、いま一つは、情報の独占、または議会と政府との間にみられるような情報の均衡の問題を含むものです[4]」

このように、伝統的な意味での個人データの処理がもたらすプライバシー侵害にとどまらず、個人データ保護は情報の独占からの個人の保護、そして監視のように公権力が掌握する情報のバランスをいかに図るか、ということを主題にしていたのです。

EUで、個人データ保護の分野に特化した独立した監督機関を基本権憲章において明文化しているのはこのためです。ここで言う独立した監督機関とは、この機関の任務遂行に疑義が生じうる、直接・間接を問わず、指示や外部の影響力を一切受けないことを意味しています[5]。職員も独自に採用し、建物も独立し、そして具体的な指示等を受けないということが独立性の厳格な要件とされています(6)。

しばしば個人データ保護法の外にいる世界の人は、独立機関を裁判所であると勘違いすることがあります。しかし、個人データ保護法における独立した機関とは、まさにEUにみられるデータ保護監督機関を指すことが国際的常識になっています。なぜ独立した監督機関が、司法機関とは別に必要とされるのでしょうか。そこにはいくつかの理由があります。

第一に、司法は個別具体的な事案を処理することを目的としていますが、データ保護監督機関は、このような事件に発展する前の段階で未然にプライバシー権と個人データ保護権の侵害を防止することを狙いとしています。データ処理自体は、他の基本権侵害に比べて、本人にとって見えないリスクを容易にもたらしうること、そして表現の自由に関連するマスメディア、労働権に関する労働組合、信教の自由に関連する宗教団体といった組織的基盤がない点で他の基本権の侵害と異なり、個人データ保護に関しては一個人が侵害の対象となりやすくなっています。訴訟を提起する場合であっても、本人にとっては、見えない侵害を証明することが難しく、またプライバシー権全般が新たな法分野であり先例が少ないため、すべてを司法救済に委ねるよりも、独立した監督機関による未然の防止措置が効果的であると考えられてきました。

第二に、公的機関が保有する個人情報の均衡を図るという観点からは、情報の非対称性を是正するために独立した監督機関の役割が重要となってきます。たとえば、公的機関は、住民登録のための情報、税に関する情報、医療保険に関する情報等、国や自治体の運営のために強制的に個人から収集し、利用せざるを得ない個人情報を取り扱っています。ここに個人の異論を差し挟むことは困難です。特に、国の防衛政策や警察の活動に付随して個人情報を収集する場合、正当な活動に対し必要な個人情報がその活動の目的に比例して収集され、利用されているかどうかは、本人が知る手段が限られています。このことは民間企業が保有する個人情報についても同様のことが言えます。すべての人がすべてのプライバシーポリシーを読んだ上で同意をしていると想定することは非現実的です。このように、本人の合理的期待の範囲を超えて、公的機関や民間企業が情報を一方的に収集・利用・提供する事象に対処するには、専門的な知見を有し、一定の強制力を備えた公的機関によるチェック機能が求められます。実際に、多くのヨーロッパのデータ保護監督機関は、行政機関等に対しこれまで法執行をしてきています。

アメリカとヨーロッパとの間における個人データ移転をめぐる合意が二度破棄された原因の一つは、この独立した監督機関の位置付けをめぐる両者の誤解でした。

エドワード・スノーデンが明らかにしたアメリカの諜報活動について、その実態は立法で定められた安全保障の目的を拡大解釈し、テロリストと無関係な外国の一般市民のＳＮＳやメールの内容を詮索するものでした。アメリカでは、二〇〇一年九月一一日以降、テロ対策の一環として、国内向けのプログラムとして、アメリカ市民が利用する電話等の記録を、また国外向けのプログラムとして、日本を含む外国人のインターネット通信の内容を監視していました。

これを強く非難したのがヨーロッパ諸国ですが、その中でもやはり独立した監督機関の不在による監視の拡大が問題とされました。アメリカには、大統領に直属の諮問委員会としての「プライバシーおよび市民的自由の監査委員会」があり、法の運用実態を監査するため、国家安全保障局等の諜報機関が保有する個人データにアクセスする権限は認められています。しかし、諜報機関等の個人データ処理の停止を命ずる権限や、対象となった個人からの苦情申立への救済活動を行う権限までは認められていませんでした。

ヨーロッパにおける独立性を求められる趣旨とも関係してきますが、本来公的機関をチェックするための機関として設置されてきた経緯を踏まえ、日本の個人情報保護法制の将来的な課題とするべきであると考えられます。

一見すると、独立した監督機関は個人データの利活用にとってブレーキ役になりそうです。しかしそれは、一面において正しいかもしれませんが、他面においては誤りです。独立した監督機関による効果的なチェック機能が確保されることで、行政機関や自治体等、そして民間企業が個人情報保護法制を遵守した上で個人データを利活用していることを保証し、利用者に信頼感を与えうる点において、独立した監督機関はデータ利活用に貢献しているとみることができます。データ利活用は、データ保護という信頼の上に成り立っているのです。

## プライバシー・バイ・デザイン

プライバシーは、監視との関係で問題が生じることがありますが、ここでの監視という用語にも注意を要します。警察が犯罪現場付近で不審者を監視する場合、上司が部下の勤務状況を監視する場合、子どもが宿題をしているかを親が監視する場合など、監視が行われる場合は様々です。監視が一切許されないとすれば、親が赤ちゃんの状況を見守ることすら正当化され得なくなってしまいかねません。他方で、監視のパラドックスと呼ばれるように、特に若い世代の個人はプライバシーを懸念しているにもかかわらず、自らの私事をSNSに投稿するという矛盾じみた行動をとることがあります。そこで、監視がもたらすプライバシーへの影響とはどのようなものかについて冷静な議論が求められます。

監視はプライバシーを犠牲にし、その逆でプライバシーは監視にとって障害である、といういずれの考えも短絡的であるでしょう。〝プライバシーvs監視〟という単純で抽象的な二項対立の図式は、多くの問題を解決するにはほとんど役立ちません。なぜなら、プライバシーを享受するためには安全な環境が前提であり、そのためには一定の監視が求められることがあり、他方で監視を徹底すれば私生活の安心を脅かしプライバシーを感じることができないためです。重要なことは、特定の状況下における監視がどのようなものであり、そしてそれがプライバシーにどのような影響を及ぼしうるか、ということをまず明確にすることです。

この点で参考になるのが、プライバシー・バイ・デザイン、すなわち初期設定でプライバシー保護の設計を行い、プライバシーと監視をいかにｗｉｎ－ｗｉｎの関係にするかというゼロサムからポジティブサムへと導こうとする、カナダ・オンタリオ州のプライバシーコミッショナーであったアン・カブキアンのイニシアティブです[7]。

監視とプライバシーを両立させる防犯カメラの例について一つベストプラクティスをあげれば、オーストリアのKiwiSecurityが開発した自動で顔にぼかしを入れる技術があります。すなわち、カメラの画像で人の容姿を常に鮮明に見ることができる状態にしておく必要はなく、事件や事故が起きたときにのみ、そのぼかしをとれば、それ以外のときに撮影された人々のプライバシーへの干渉はほぼなくなります。日本でも東京マラソンのために臨時に設置された防犯カメラについて報道されました。このように重要なイベントや特に警戒を要する場所において一時的な監視を行い、個人データの保存期間を限定するのであれば、プライバシー保護の観点から必要性も比例性も認められると考えられます。

日本ではほとんど議論になっていませんが、ドイツ連邦通常裁判所において、ドライブレコーダー（ドイツではdashcamと呼ばれています）の常時撮影が情報自己決定権の侵害となるという判決[8]が下されました。事故と無関係の長時間のドライブレコーダーの録画を情報自己決定権への侵害とするこの判決は、たとえ小さな侵害であっても顔認証技術等の新たな技術を想定して、プライバシーへの干渉リスクを踏まえる必要性を示したものと捉えることができます。実際、ドライブレコーダーには、自動車への事故等の衝撃がある前後の映像のみを自動的に保存する機能が利用されています。一見すると迂遠な措置にみられそうですが、プライバシーへの干渉をいかに最小限にするかという発想があるからこそ、真に必要な監視や安全対策への社会的許容が広がるという構図を理解しておくことが肝要です。

ここでドイツにおいて発展してきた情報自己決定権について敷衍すると、この権利は自己の個人データの放棄および使用について、原則として自ら決定する権限であると定義されてきました。小山剛によれば、この権利を制約するためには、①優越する一般的利益、②規範明確性の要請を満たした法律上の根拠、③比例原則、④人格権侵害を予防するための組織・手続的予防措置、さらに⑤統計目的で取得したデータを法執行目的で利用する場合の限定的かつ具体的な目的制限と規範の明確性、という要件を満たす必要があります[9]。

自動車のドライブレコーダーの常時録画についてみれば、①個人データ保護の権利を上回る一般的利益とは何か、②ドライブレコーダーの常時録画を正当化するための具体的個別立法が存在しているかどうか、③録画に伴うプライバシー侵害のリスクが最小限とされているかどうか、④ドライブレコーダーの録画が被侵害的に保存・利用されていないかをチェックできる仕組みが存在するか、そして、⑤いかなる条件のもとであれば、録画された画像の捜査機関等との共有と利用が認められるか、という点についてあらかじめ用意しておく必要があります。

このように、情報自己決定権は、個人の権利としての主観的側面がある一方で、具体的危険の発生前に基本権を保護するため、リスクを制御することに狙いがあります。すなわち、情報自己決定権は、個人情報の収集・保存・利用に伴うリスクが発生する前の「保護の前倒し」という特徴を有しているのです。このような予防的保障論はプライバシーへの具体的害悪が生じるまではデータの利用を制限するべきではないとする楽観主義的アプローチとは相容れないものがありますが、新たな技術が人格や民主主義そのものを脅威にさらすことを可能としている現実から目を背けるべきではないでしょう。具体的な害悪が発生する前に個人の自由に対する介入限界論としての客観法的側面を有するという点において、情報自己決定権は、経路は違っても、プライバシー・バイ・デザインが目指す到着点に行き着くことができるのです。

## 2　身体とプライバシー権

### 生体認証

人の身体を数値化・データ化することはこれまでも行われてきました。健康診断がその例で、人の血は肉眼で見る限りは赤い液体ですが、検査機器を用いれば血液の検査結果(データ)から健康状態を把握することができます。このように、身体の全部または一部をデータ化する技術の利用が拡大しています。

生体認証とは、人の身体的な特性・特徴や行動的な特性・特徴に基づいて、その人物を自動的に識別・確認することであり、その技術を生体認証技術であると定義します[10]。中でも、近年注目を集めてきたのが顔認証です。

かつて最高裁は、「氏名は、社会的にみれば、個人を他人から識別し特定する機能を有するものであるが、同時に、その個人からみれば、人が個人として尊重される基礎」であることを認めました(11)。このことは、生体認証にも該当すると考えられます。人の顔が、本人の期待とは裏腹に、秘密で識別のために利用され、それによってスティグマ化されたり、不利益を被ることがあっては「個人として尊重される基礎」を崩壊させてしまいかねません。

実際、アメリカの元大統領夫人のミシェル・オバマを若い男性として顔認証技術が誤認識してしまった話は有名です。このような、誤認証やコードによる偏見や差別は大きな懸念となり顔認証技術への規制をもたらしてきました。アメリカでは、二〇一九年五月に成立したサンフランシスコの監視技術の取得に関する条例により、市の監督委員会の審査を経て許可を得ない限り、警察や市のその他の機関で顔認証技術の利用が禁止されました。この条例を皮切りに、マサチューセッツ州サマービル、カリフォルニア州オークランド、オレゴン州ポートランドにおいて同様の顔認証技術の利用原則禁止の条例が整備されてきました。顔認証技術が、個人の誤識別によって権力の濫用を生むことになりかねないため、オークランドの住民をより安全から遠ざけるリスクをもたらすとしたオークランド市審議会の勧告理由は、この一連の根拠を端的に示しています。また、マイクロソフトは、独自に顔認証技術の民間利用の禁止を公表し、今後顔認証の利用が認められるためには表6の六つの要件を満たす立法が必要であることを示

表6　顔認証の利用が認められるために必要となる6つの要件

| | |
|---|---|
| 1. 公平性 | すべての人を公平に扱う方法での利用 |
| 2. 透明性 | 文書化，可能性と限界の明確な伝達 |
| 3. 説明責任 | 人間のコントロールの適切な水準確保 |
| 4. 差別禁止 | 違法な差別の禁止 |
| 5. 通知と同意 | 民間の顧客への通知と同意 |
| 6. 適法な監視 | 人々の民主的自由の保障 |

Microsoft President Brad Smith, Facial recognition: It's time for action, December 6, 2018 より

しました。

生体認証についてヨーロッパではすでに厳格な規制が行われてきました。たとえば、ドイツの連邦と州のデータ保護監督機関は、「顔認証カメラに関する決議」を二〇一七年三月に採択し、その決議の中で、公道における顔認証カメラの利用が公道を匿名で歩行する自由への侵害となること、誤識別のリスクがあること、そして連邦・州の機関に顔認証カメラの利用を認める個別立法が存在しないことを示しています。イギリスでは、警察が自動顔認証カメラを用いて公道で警戒者リストとの照合を行っていた事件について、プライバシー権の侵害となる違法な捜査であるという裁判所の判決が下されています[12]。二〇二〇年一〇月には、グローバル・プライバシー・アセンブリーにおいて、顔認証を利用する際の透明性の確保とともに、必要性と比例性の原則による審査が必要であるなどの、顔認証の利用に関する決議が採択されました。

日本では、顔認証の利活用と規律について明確なルールが存在しません。それにもかかわらず、駅構内の人の移動の流れを把握するための実証実験、イベントスタジアムの入場時における利用、店舗や書店におけるリピーター客や不審な行動をする者の検知、空港における顔認証カメラの設置など様々な場面で利用されています。

生体認証の効果的な利活用とプライバシー保護の社会的な合意を調達するための様々な試みが行われていますが、法の支配の原則の観点から、生体認証の利用に関する立法の整備が求められています。具体的には、生体認証が行われることをあらかじめ明示し本人に周知すること、利用目的を厳格に限定すること、その利用、保存期間、消去、安全管理についてのルールを定めること等が法で明示される必要があると考えられます。パスワードを変更することはできても、自らの顔、指、虹彩等の身体を変えることはできないため、慎重な運用が求められるのは当然のことです。

## 身体の機微性

生体認証は、科学的識別のツールであるため、対面で氏名や生年月日から本人確認する中でのウソを見破ることができ、有用であるとみることもできます。また、近年では、顔の表情からその人の感情を推測する感情認識ＡＩの技術もみられるようになりました。他方で、生体認証の正確性について注意する必要もあります。

仮定の話ですが、九九％の正確性を誇る自動顔認証カメラが空港に設置されたとします。成田空港には二〇一九年に四四三四万人の旅客数がいたとのことですので、単純計算すると四四万人が顔認証で誤認証されうることになります。仮に技術だけを信じるのであれば、これらの四四万人の中には、もしかしたらテロリストの容疑者や不法滞在者等と間違えられ別室で尋問される人もいるかもしれません。新たな技術の助けを得て安全を確保することは必要ですが、技術のみで個人に不利益を与えることは許されず、空港関係者等による適正な手続に基づく人間の介入・関与がどうしても必要になります。このように、身体を表すデータは、仮に人間による識別より正確性を有するものがあるとしても、絶対的な正確性を保障するとは限りません。

では、生体認証は、データの正確性を確保できないから、使うべきではないとなるのでしょうか。生体認証におけるプライバシーとはいったい何を守ろうとしているのでしょうか。

身体の情報が機微性を有する理由についてはいくつかあります。第一に、自分の身体は自らの所有物であるという前提をとったとしても、尊厳死や臓器移植等において制限がみられるのは周知のとおりです。また、自らの身体は、両親から与えられたものであり、遺伝に関する情報からは、本人のみならず家族や子孫の情報についても一定の手がかりを得ることができます。世界医師会によるヘルシンキ宣言(一九六四年採択、二〇一三年最新改訂)の一般原則九において、医学研究が被験者の同意のみによって解決することはない、としているのはこの証左です。言い換えれば、データ主体の同意のみによって身体データを処理すれば、その主体以外の者にも影響を及ぼすことになるため、本人のみの同意が有効に機能し得ないのです。自らの身体という唯一無二の存在が、データにより優劣あるいは善悪という評価の対象とされることには法的・倫理的な課題がついてまわります。

第二に、自分の身体情報について自律的コントロールが及びにくいということがあります。自分の手でドアノブを触ったり、物に触れ、指紋が残されたとしても、自らの指紋の紋様を瞬時に目視で識別できる人はほぼいないでしょう。目の虹彩や静脈についても同様のことが言えるでしょう。各人が自分ですら身体の情報を、少なくとも生体認証として扱われるまでは識別することができないのが一般的です。それにもかかわらず生体認証技術から得られる情報は、個人の実像ほぼそのものであり、情報の非対称性を生み出した上で、個人をコントロールする「客体」として扱うことができてしまいます。

このように、身体に関する断片的情報は、他の単純な個人データに比べて、たとえ他人から認識することができる状態であったとしても機微性を有すると考えられます。

実際、日本の個人情報の保護に関する法律施行令には、保護の対象として「個人識別符号」があり、DNA、顔の骨格、虹彩、声帯の振動、歩行の際の姿勢等をこれに含むとしています。また、要配慮個人情報には、身体障害等の情報が例にあげられています。

ヨーロッパにおいて、生体認証が特に厳しい法的規制の対象となったのは、ナチスによるパンチカードの歴史があるためです。今日においても、たとえば、スウェーデンの高校において、学生の出席を監視する目的で二二名の学生を対象に顔認証カメラが三週間試験的に導入された事案について、制裁金が科された例があります。学生からは事前に同意を取得していましたが、学校と学生との力の不均衡から、教育現場における同意が有効とはみなされなかったのです[13]。生体認証の利用が、同意のみによってその機微性を消失させることはないと示した事例です。

また、欧州データ保護監督機関が、体温チェックについても私生活尊重の権利と個人データ保護の権利の侵害となりうることに注意喚起しています。新型コロナウイルス感染防止のため、建物への入室の際の機械による自動体温検知装置の利用には、データ主体の明示の同意が必要であること、自動処理に対する人間の介入を行うこと、また録画なしのリアルタイムでのスクリーニングにとどめるなどの、技術的組織的措置の実施などの要件を示しています[14]。

この点で、個人情報保護法との関係でしばしば問題となるのが、遺伝子検査の結果をビジネス目的で利用する場合です。医師が遺伝子検査を治療目的で行う場合には、守秘義務が課されますが、ビジネス関係者には同様の義務が課されていません。遺伝子検査の結果は、様々なビジネスアクターで共有される可能性があり、たとえば、その結果により保険への加入が拒否されたり、または保険料が高く設定される可能性もあります。

アメリカでは、遺伝子情報差別禁止法が二〇〇八年に成立し、遺伝子情報に基づく健康保険や雇用における差別が禁止されています。ＥＵでは、ゲノムデータベースのプロジェクトが立ち上げられましたが、ＧＤＰＲにおけるプロファイリングの規制によって、自動処理のみによるデータ処理が原則として禁止されています。

この問題のさらなる発展形は、遺伝子編集を用いた、クローン人間あるいはデザイナーベビーの問題でしょう。自らの身体のある種のコピーを作製することは、自我の同一性の確保という個人データ保護の新たな側面から、また倫理的側面から議論が求められています。

## 3　プライバシー権をめぐる諸政策

### アルゴリズム規制とプライバシー権

就職活動サイトのリクナビ登録者の内定辞退率の予測スコアが、就職活動を行っていた本人の知らないうちに販売されていた事案が、二〇一九年夏に大きな注目を集めました。この事例については いくつかの論点が想定されますが、応募学生の合理的な期待を裏切る形で、適切な同意を取得せずに内定辞退率の予測スコアを売却していたことが違法な第三者提供とされ、最大の問題とされました。個人情報保護法では、企業が第三者に個人データを提供する場合、法令で認められる場合などを除いて本人の同意を取得しなければならないが、これを怠ったのです。リクナビ側は、インターネットの行動ログが特定の個人を識別できないものとしていましたが、結局、内定辞退率のスコアを購入した契約企業において個人を識別できることを知りながらサービスを提供していたため、意図的に法の趣旨を潜脱したことが問題視されました。また、一部の利用者については、プライバシーポリシーの改定時に本人の同意を取得していませんでした。

個人情報保護委員会は、二〇一九年八月と一二月に二度の勧告をリクナビを運営するリクルートキャリア等に発出し、リクナビから内定辞退率のスコアを受領していた三五社に対し指導を行いました。勧告の主な内容は、「法に則り適正に個人情報を取り扱うよう検討、設計する体制を整備すること」でした。東京労働局もまた、リクルートキャリア等に職業安定法および同法に基づく指針の違反があったとして指導を行っています。データを受領していた三五社の多くが技術系の大手企業であり、ＡＩ技術の活用を促進していた企業であった点も特筆すべきでしょう。これら一連の勧告や指導は、二〇二〇年の個人情報保護法改正の動向にも影響を及ぼすこととなったのです。

リクナビ事件からいくつかの検討するべき論点が明らかになりました。ＡＩの世界において、マーケティング目的であれば、個人は商品化された存在になり、警察司法目的であれば、個人はリスク評価の指標となります。ＡＩによる評価は、機械による人間の選別を可能とし、そのプロセスを繰り返すことで、人間を一定の枠にはめ込むことができます。就職活動であれば、応募者をＡＩが選定するだけでなく、その選定作業が毎年蓄積することで、同種の採用候補者の再生産を可能とすることができるのです。機械による同種の人間の再生産プロセスは、人類の多様性への脅威になりうることを理解しなければなりません。

このほかに、リクナビ事件は、個人情報保護法におけるいくつかの課題を突き付けています。第一に、プロファイリングの問題です。プロファイリングとは、データの自動処理の一類型ですが、ＧＤＰＲの規定によれば、「自然人に関する一定の個人の特性を評価する個人データの自動処理の形態」（第四条四項）と定義されています。具体的には、個人の職務能力、経済状況、健康、個人的選好、興味、信頼度、行動、位置・移動に関する特性を分析・予測するために個人データを利用する場合を想定しています。プロファイリングはクレジットカードの審査などですでに利用されています。プロファイリングの帰結として、本人の合理的期待に反する不利益がもたらされることも否定できません。ＧＤＰＲには、プロファイリングを含む自動処理に対して異議申立の権利、そして人間の介入を求める権利が明文化されています。日本の個人情報保護法にはこれに相当する規定がありません。

第二に、アルゴリズムの透明性という問題があります。すなわち、就職活動の内定辞退率スコアがなぜこの点数であるかを説明できるか、という問題です。仮に一定のスコアについてその分析の論理回路を本人に説明できなければ、本人は出されたスコアへの反論すらできない状況に陥ってしまいます。これは、いわゆるブラックボックスです。

第三に、本人の同意です。ＡＩ分析に利用される個人データは転々と様々な組織を流通するのが一般的です。本人がその流通経路をすべて把握し、その上で同意することは非現実的です。プライバシーポリシーへの同意クリックという儀式のみで、本人の合理的期待に反し、プロファイリングに利用されることになると、同意の意義が希薄化してしまいます。そこで、本人の同意は十分な説明を事前に受けた上で、なおかついつでも同意を撤回できることを条件に個人データの自動処理が行われるべきです。

第四に、個人データの取扱いに関する責任の所在です。リクナビ事件では、リクルートキャリアと契約企業との間の業務委託契約に基づき、前者から後者に内定辞退率スコアが販売されました。この関係が「委託」で済まされるかという問題があります。すなわち、個人データの委託は、個人データの入力(本人からの取得を含む)、編集、分析、出力等の処理といった、独自のデータ処理の利用目的を有しない業務をいうものとされます。GDPRでは、複数のアクターが個人データの処理をそれぞれの目的で利用している場合、共同管理者として関連するすべての管理者が責任を分担することになります。個人データの処理についての責任が不明瞭であることは、個人の権利利益の保護という意識が欠落してしまう原因となってしまいます。

最後に、制裁についてです。リクナビ事件では、内定辞退率スコアを一社あたりに四〇〇万円から五〇〇万円で販売していましたが、これに対する制裁金が科されることはありませんんでした。個人情報保護委員会による勧告と指導にとどまり、ＧＤＰＲで認められているような高額な制裁金（年間総売上の四％または二〇〇〇万ユーロのいずれか高額な方）は日本法にはありません。

リクナビ事件についてみるとこれらがいずれも未解決のまま、個人データが共有されていたことがわかります。今後、ＡＩの技術を用いたデータ利活用を推進する上で、少なくとも前記に掲げた五点について個人情報保護法制による手当てをしていくことが求められます。個人情報保護法で個人の権利利益を万全に保護できているからこそ、本人の合理的期待に反したデータの取扱いが行われないという信頼感を生み出し、データ利活用への安心が担保されるのです。

## 人間中心の原則と人間介入の権利

この点、注目するべきはＥＵのＡＩ規制論です。欧州委員会専門家会合が二〇一八年四月に倫理ガイドライン、そして、欧州委員会が二〇二〇年二月にＡＩ白書を公表しています。その中で、「ヨーロッパのＡＩは人間の尊厳やプライバシー保護といった我々の価値と基本権に基づくものであること」が出発点として明確にされています。人間が主であり、データが従であるという人間とデータとの主従関係が明確にされており、人間をデータの商品化とすることへの抵抗から人間中心のアプローチが提唱されました。

表7　内閣府の「人間中心のAI社会原則」(2019年3月)

| | |
|---|---|
| ①人間中心 | 人間の能力や創造性を拡大する．人が自らどのように利用するかの判断と決定を行う． |
| ②教育・リテラシー | 経営者等はAIを社会的に正しく利用できる知識と倫理をもっている．AIについての教育環境がすべての人に提供される． |
| ③プライバシーの確保 | 個人の自由，尊厳，平等が侵害されないようにする． |
| ④セキュリティの確保 | 社会の安全と持続可能性を向上させる．リスク管理の取り組みを進める． |
| ⑤公正競争の確保 | 不当なデータの収集等が行われる社会であってはならない．富や社会に対する影響力が一部に偏る社会であってはならない． |
| ⑥公平性，説明責任・透明性 | 不当な差別をされることなくすべての人が公平に扱われなくてはならない．適切な説明が得られ，開かれた対話の場がもたれなければならない． |
| ⑦イノベーション | 国際化・多様化と産学官民連携を推進するべきである．AI工学を確立する．データが有効利用できる環境が整備され，規制の改革等を進める． |

日本の内閣府が示した「人間中心のＡＩ社会原則」(表7)は、ＥＵの「人工知能に関する倫理ガイドライン」や「ＡＩ白書」(表8)における人間中心の原則と軌を一にしているとみることができます[15]。

もっとも、ここでいう「人間中心」の概念が、原則論としては一致しても、その解釈や運用について日本とヨーロッパとの間でどの程度重なり合うかについては依然としてデータ規制の思想にかかわる問題であり、留保が必要です。

たとえば、ＥＵの文書は、人間中心をデジタル・ヒューマニティと置き換

表8　EUの「AI白書」の概要(2020年2月)

| | |
|---|---|
| ①人間の作用と監督⇒人間の自律の尊重の原理 | AIシステムは人間の自律と決定を支援するものでなければならない．AIシステムは民主的で，繁栄力あり公正な社会を可能とする役割を果たし，基本権を促進し，人間の監督を可能としなければならない． |
| ②技術的堅牢性と安全性⇒害悪防止 | 信頼性あるAIの実現には技術的堅牢性が不可欠な要素をなしている．AIシステムはリスク予防的に開発され，意図・予期しないリスクを最小限化し，受け入れることのできない害悪を防止し，予定されたとおりに信頼性をもって作動する． |
| ③プライバシーとデータ統治⇒害悪防止 | プライバシーはAIシステムによって特に影響が及ぼされる基本権である．プライバシーへの害悪防止は，データの質と完全性を含む十分なデータ統治を必要とする． |
| ④透明性⇒説明可能性 | データ，システム，ビジネスモデルにおいて，AIシステムに関連する要素の透明性が含まれる． |
| ⑤多様性，差別回避，公平性⇒公平性 | AIシステムの全ライフサイクルを通じて，包摂と多様性を可能としなければならない．プロセスの中で影響を受けるすべてのステークホルダーの考慮と関与に加え，包摂的デザインプロセスを通じた平等なアクセスと平等な取扱いを確保することを伴う． |
| ⑥社会と環境の幸福⇒害悪防止 | AIシステムのライフサイクルを通じて，広範な社会，他の感覚を有する生物，環境がステークホルダーとしてみなされなければならない．AIシステムの持続可能性と環境への責任が奨励される． |
| ⑦説明責任⇒公平性 | AIシステムの開発，展開，利用前後におけるAIシステムとその帰結に対する責任と説明責任を確保することが必要とされる． |

える観点からの人間の尊厳に立脚していると考えられますが、日本の文書では、人間のＡＩへの依存性や人間の行動のコントロールからの脱却が示唆されています。やはりここでも人間中心という抽象的概念を支える思想が重要となってきます。

いずれにしても、人間中心のアプローチが個人情報保護法制において具体的に反映される場合、最も重要となってくるのが、人間への愛惜としての「人間介入の権利」です。

ＧＤＰＲにおいて明文化された人間介入の権利は、データ主体が自らの意見表明をするために、自動処理による決定の説明を得る権利であると理解されています(前文七一項)。これは、自動処理に対する自らの意見表明の権利と自動処理の決定に対して異議申立をする権利を行使することが前提となります。この人間介入の権利がなければ、いわゆるブラックボックスという言葉に象徴されるとおり、データがこう示しているから、という理由のみで個人の就職活動の応募やクレジットカードの審査で拒否されることが正当化されてしまいかねません。

ＡＩの利用をめぐり、「説明可能性」は、あえて「透明性」や「説明責任」とは異なる概念を想定している点に注目する必要があります。ここでの「説明可能性」は、データの自動処理が決定を下したアルゴリズムの論理回路を人間、少なくともアルゴリズムを監査できる専門的知識を備えた人間に理解可能な有意義な情報を提供することと理解されています。この「説明可能性」は、必ずしもＡＩが下した決定を人間が常に覆すことを意味するものではなく、その決定に至る理由を人間に理解できるように説明できるかどうかということが要点です。これに対し、「透明性」はデータの自動処理の対象や範囲をデータ主体に明らかにすることであり、また「説明責任」は、自動処理の論理回路と決定についてデータ主体に対し責任を負うことです。個人データの自動処理が、人間に対し説明可能であり、なおかつ透明性を確保し、説明責任を負うことができる点において、人間介入の権利が、データ環境における人間中心の原則を支えているのです。

交友関係等を含む信用スコアが中国にみられますが、このようなスコア化については、人間関係を点数化する客観的な指標が存在するか、そしてスコアをつける採点者がその指標を利用者に説明し責任を負うことができるか、という疑問が残ります。データの自動処理はできても、正義の自動処理ができないのがＡＩです。むしろ正義や公平性という概念自体が機械の学習能力によっても調達することができないものです。「人間介入の権利」は、ＡＩが進化するにつれて、逆説的ではあるものの、よりいっそうその重要性が増すものと考える必要があります。

なお、人間介入の権利による説明可能性をＡＩに対して求めることは、営業秘密や知的財産権から拒むことができるかどうかという問題があります。現実に、二〇一九年一二月に公布された日米デジタル貿易協定では、アルゴリズムへのアクセス要求を禁止する条項があります（第一七条一項）。もっとも、GDPRのガイドライン(16)において明確にされているとおり、営業秘密や知的財産権が口実となり個人データの自動処理に関する説明可能性が大きく縮減することになれば、人間介入の権利が損なわれかねません。営業秘密か人間介入の権利かという二者択一の問題ではなく、両者を適正に調整しつつ、データ環境における人間中心の原則を構築していくことが信頼あるアルゴリズムへとつながっていくでしょう。

## 情報の独占とプライバシー権

いわゆるGAFAに代表されるデジタル・プラットフォーム事業者は、個人データを取り扱うことで成功したビジネスモデルです。二〇二〇年五月にはGAFAとマイクロソフトの五社のみの時価総額が、日本の東証一部約二一七〇社の総額を上回ったことが報道されました。「データを制する者はビジネスを制す」という命題はまさにGAFAの成功例に示されています。

個人データを駆使したビジネスモデルは、ショシャナ・ズボフの言葉を借りれば、個人データの監視を通じて行われる「監視資本主義」へと変容しつつあります(17)。消費者の知らないところで、個人データが収集、利用、共有され、顧客像が造り出され、おすすめの広告が配信され、商品が提示されることで対象者の一歩先を読む「おもてなし」をすることができるようになりました。GAFAにみられるようなデータビジネスは、利用者に無料のサービスを提供する見返りに、収集した利用者の個人データをマネタイズすることで成り立っています。監視資本主義の台頭により、利用者のプライバシーがなくなったのではなく、利用者のプライバシーの条件が、GAFAに象徴されるごく一部の大企業のサービス設定によって左右されかねない状況が生み出されたのです。手のひらのスマートフォンでGAFAを利用する私たちは、GAFAのサービスの手のひらで逆に操作される対象となってしまったのです[18]。

デジタル・プラットフォーム事業者は、消費者に対して優越的地位にあります。この力の不均衡があることを前提に、消費者の期待に反して不当に個人情報を収集・利用する場合には、独占禁止法の優越的地位の濫用規制の適用があると考えられてきました[19]。実際、公正取引委員会は、二〇一九年一二月に「デジタル・プラットフォーム事業者と個人情報等を提供する消費者との取引における優越的地位の濫用に関する独占禁止法上の考え方」を公表し、優越的地位の濫用となる行為類型として個人情報等の不当な取得や利用を例示しています。また、二〇二〇年には、「特定デジタルプラットフォームの透明性及び公正性の向上に関する法律」が成立し、デジタル・プラットフォーム事業者に対し契約条件の開示や変更時の事前通知等が義務付けられるようになりました。

ドイツでは、連邦カルテル庁が二〇一九年二月に、フェイスブックの個人情報の収集が市場の支配的地位の濫用に該当するとして、フェイスブック以外の第三者からの個人情報の収集の禁止を命じました。連邦カルテル庁は、フェイスブック利用者がＳＮＳ利用者の九五％以上を占めており、フェイスブック以外の第三者が提供するサービスからも個人データを収集していることに着目したのです。このような大量に個人データを収集する方法が、個人の自由な同意に基づいていないというＧＤＰＲ違反を指摘した上で、搾取的な取引条件を利用者に課していることを認定しました。すなわち、フェイスブックのビジネスモデルが支配的地位を築き上げた背景に個人情報の違法な収集方法があり、個人データ保護法違反の考慮事項が競争法違反としても評価されたのです。ちなみに、連邦カルテル庁の決定は、連邦通常最高裁においても支持されました。

フランスでも、データ保護監督機関であるＣＮＩＬが、二〇一九年一月にグーグルに対して五〇〇〇万ユーロの制裁金の支払いを命じました。グーグルのプライバシーポリシーには、個別広告の設定については五回、位置情報の設定については六回、それぞれのウェブページを進まない限り変更できず、利用者にとって情報が見つけにくくなっていました。そのため利用者へのデータ処理に関する情報提供が不十分であったこと、そして広告配信について利用者からの同意の取得の仕方が適切でなかったことが違反の理由となりました。このように、ＧＡＦＡをはじめとするデジタル・プラットフォーム事業者の個人データの取扱いについては、規制の厳しい目が向けられてきたのです。

ちなみに、ＧＤＰＲでは、巨大企業への個人情報の集中を回避するための政策的権利としてデータポータビリティ権が認められています。データポータビリティとは、個人が自らの個人データを持ち運ぶことを意味し、Ａ社が保有する電子メールをＢ社へと移転させることなどが想定されます。データポータビリティ権は、競争政策と関連しており、消費者が特定のサービスにロックインされないよう、個人に選択肢を付与することを狙いとしています。なお、データポータビリティは、大きなプラットフォームへの乗り換えをする利用者が増えてしまえば、かえってＧＡＦＡのサービスを増強する道具にもなる点で、その運用に留意が必要となります。

他方で、ＧＡＦＡを狙い撃ちするような魔女狩りの立法は、本質的な問題の解決にはなりません。また、ＧＡＦＡへの盲目的な規制は、自由な情報流通への検閲を形成し、社会のイノベーションを萎縮させることにもつながりかねません。では、なぜ巨大デジタル・プラットフォームは規制されるべきなのでしょうか。

ここで参考となるのが、プライバシー権のみならず独占禁止法の父でもあるルイス・ブランダイスの議論があります。ブランダイスは、一九一四年「巨大さの呪縛」という論文を公表しました。巨大企業が競争を阻害し、競争がなくなることで産業の自由が抑圧され、民主主義がゆがめられ、究極的には人間性の支配につながることを論じました。

その後、ブランダイスの大企業への不信感は、連邦最高裁の判事として、一九三三年 Louis K. Liggett Co. 事件において、次のように示されました。

「我々の過去の真の繁栄は、大企業から生じたものではなく、小さな人間の勇気、エネルギー、そして叡智を通じてこそ実現できたのである。多くの人々の能力を企業の支配から解放することによってのみ、そして彼らにリーダーシップの機会を再び開くことによってのみ、我々の未来への自信を取り戻し、今ある苦難に打ち勝つことができる」

プライバシー権は個人を保護することを目的とし、競争政策の目指す公正な市場は、個人に適切に選択肢が付与されることが前提となります。両者は、個人情報が独占状態にある巨大なプラットフォーム事業者に対する個人の防御策となる点において、規制の狙いを共有しうるのです。ブランダイスが、プライバシー権を生み出したと同時に、トラスト規制を作り上げたのは決して偶然ではありません。

かつて我が国は、連合国軍による財閥解体へと進みました。企業の巨大な富の集積それ自体が、個人の尊重と民主主義の理念に反すると考えられたためです。人は、何の救済手段もない中で自らの力では如何ともしがたい巨大さを前にすると、その巨大さにひれ伏すしかありません。日本国憲法は、巨大さを前にしても、その巨大な富の集積に飲み込まれない個人の「尊重」の生き方と、その生き方を支える公正な市場を擁護しているものと考えられます。

同時に、プライバシーと個人情報を適切に保護することが、市場における競争政策にも寄与することを理解しなければなりません。一人の個人がプラットフォーム事業者から提示された広告やそこから誘引された行動について損害を算定することは難しく、また仮に算定できたとしても巨大プラットフォーム事業者の利益にとっては些末なものです。しかし、個人の小さな損害を放置することがデジタル市場を歪めるという大きな視点を等閑に付してよいわけではありません。すなわち、プライバシー権は、公正な競争を確保する市場の形成の条件となり、その意味で社会的利益を含んでいます。

独占禁止法と個人情報保護法のハイブリッド規制という「規制の実験」は始まったばかりです。付け焼き刃の規制ではなく、規制の基盤をなす思想を考えつつ、効果的な規制を継続的に検討していく必要があります。

## マイナンバー制度とプライバシー権

行政の効率化、国民の利便性の向上、公平・公正な社会の実現という目的を掲げたマイナンバー制度が、二〇一五年の通知カードの配付とともに実質的に運用されてきました。住民票を有する個人に一二桁の個人番号（マイナンバー）が通知され、マイナンバーは法定受託事務のほか、自治体の独自利用事務において使われます。希望者は、個人番号カード（マイナンバーカード）を申請し、交付されたカードを身分証明書または各種行政手続に利用することができます。さらに自宅からは、マイナポータルを利用して各種行政手続ができるサービスも開始されています。そのためマイナンバー制度では、個人情報を一元化せずに、各機関が保有する個人情報を、必要な行政手続についてその都度利用するという分散管理の方式を採用しています。マイナンバーは行政手続における鍵の一つであり、金庫そのものではありません。マイナンバー制度は行政のデジタル化を推進するための突破口となることが期待されてきました。しかし、新型コロナウイルスの経済対策として、国民への特別定額給付金の個人番号カードによる申請において、システムの未整備や相互運用性の不備が原因でマイナンバー制度が利用できないという課題も明らかになりました。

行政のデジタル化は二〇〇〇年に「高度情報通信ネットワーク社会形成基本法（IT基本法）」が整備され、徐々に進展してきましたが、依然として書面や押印の利用が問題とされてきました。行政手続のデジタル化を進めたいのであれば、紙の住民票や確定申告の原則廃止など大胆な政策をとらない限り、そのスピードは速まらないと考えられます。

国の個人の税や社会保障に関する情報の管理をめぐる検討は、一九七〇年に始まりました。各省統一コード研究連絡会議が設けられましたが、国民総背番号制への国民の反発がありました。一九八〇年代には納税者番号制度についての検討が行われましたが、国民の理解が不十分であることから継続的検討課題となりました。その後、一九九四年に住民記録システムのネットワーク化に向けた検討が始まり、住民基本台帳法が改正され、二〇〇二年からいわゆる住基ネットが随時稼働されていきました。その後、年金記録の管理に不備等があり、消えた年金記録などが大きな社会問題となりました。年金記録問題を機に政権交代が行われ、マイナンバー制度は当時の民主党が設計した制度です。

一連の経緯を見る限り、日本では慎重な検討が重ねられ、住基ネットそしてマイナンバー制度が設計されてきました。北欧諸国では、国民番号制度を早くから実現し、それにより社会福祉を充実させてきました。その意味で、日本が行政のデジタル化を進め、何を狙いとするのかが重要になります。言い方を変えれば、デジタル化を自己目的化することは本末転倒であり、デジタル化はあくまで手段で、目的は何かということをまずは明確にする必要があります。日本における番号制度や行政のデジタル化の遅延の一因には、利用目的の特定と明確化が十分に浸透していないことがあったように思われます。マイナンバー制度において社会保障と税という分野をあえて限定して、従前からの行政事務についてマイナンバーを利用するのであれば、プライバシー・リスクが大きく増すわけではありません。ただし、マイナンバー制度には三点の留意が必要です。

第一に、マイナンバー制度を支える法律の正式名称は「行政手続における特定の個人を識別するための番号の利用等に関する法律（番号法）」です。税と社会保障に限定せず、「行政手続」を対象とした広い法律名称が用いられています。したがって、マイナンバーの利用は、法律の別表に記載された法定受託事務が中心となるのですが、この事務が行政手続全般に拡大しないかという懸念があります。さらに、この法律の附則第六条には、「民間における活用を視野に入れ」ることまで記載されています。利用範囲が広がるほどリスクは大きくなります。

マイナンバー制度の最大の特徴は、情報連携です。すなわち、異なる機関が保有する個人情報についてマイナンバーを鍵として突合し、正確に個人情報を把握することができます。したがって、その突合できる範囲が広がるほど、データマッチングの可能性が広がります。このデータマッチングの拡大こそが、従来の紙作業ではわからなかった個人像を浮かび上がらせることになります。そして当初の税と社会保障の公平公正な負担という利用目的を超えた個人情報の利用が可能となってしまいます。たとえば、納税情報と預金情報の二つが結びつくだけで、その差額からその人の年間の消費額がわかってきます。個人情報を見るだけで、その人が節約家なのか浪費家なのか個人像を浮かび上がらせることができます。「些細な」データの組み合わせが、自分という存在を国家の分析と評価の対象とさせてしまうリスクはすでに喚起したとおりですが、これはマイナンバー制度にも伴うリスクであることを忘れてはなりません。

第二に、マイナンバー制度の運用の条件として、個人情報保護の監視役としての第三者機関である個人情報保護委員会が設置されました。この設置の背景には、住基ネットをめぐる一連の裁判所の判決があります。最高裁判所は、住基ネットにシステム技術上又は法制度上の不備がないことを判断の一基準として、憲法第一三条に違反しないとしました。そのため、「システム技術上又は法制度上の不備」がないかをチェックする機関として個人情報保護委員会の役割が重要となります。実際、個人情報保護委員会は立入検査権限のほか、指導、勧告および命令等の権限を有しており、個人番号の漏洩等の事案について行政機関や自治体にも立入検査を実施してきました。マイナンバー制度の運用には、個人情報保護委員会が十分に機能することが重要です。

第三に、番号法では不正利用等の罰則のみが規定されており、漏洩や不正利用の被害が生じた場合の国民に対しての救済措置や補償について手当てされていません。実際、二〇一五年六月には、日本年金機構から約一二五万件の基礎年金番号等の個人情報が不正アクセスにより漏洩したことが公表されました。しかし、この漏洩の被害にあった国民に対しても補償は行われませんでした。個人の権利利益の保護の観点から、漏洩や不正利用に対する救済措置を整備することは必須であり、今後のマイナンバー制度の課題と言えるでしょう。

このほかにも、個人情報の漏洩や不正利用のリスクがないわけではありません。幸いマイナンバー制度については、大きな漏洩事故が報告されていませんが、国民の個人情報についてそれを利用する機関において、厳格な安全管理措置が求められることは言うまでもありません。マイナンバー制度は、今後の日本のデジタル化を推進する上で、プライバシーに対する漠然とした不安感を払拭できるかどうかが、一つの試金石となると考えられます。

# 注

## 第1章

（1）Michal Kosinski, David Stillwell & Thore Graepel, Private Traits and Attributes are Predictable from Digital Records of Human Behavior, *PNAS*, vol. 110, no. 15, April 9, 2013. これらの著者はＦＢ＝ＣＡ事件とは無関係であると報道されてきました。

（2）Hannes Grassegger und Mikael Krogerus, Ich habe nur gezeigt, dass es die Bombe gibt, *Das Magzin*, N°48, 3 Dezember 2016. 英訳もあります。

（3）ブリタニー・カイザー（染田屋茂ほか訳）『告発――フェイスブックを揺るがした巨大スキャンダル』ハーパーコリンズ・ジャパン、二〇一九年、二二六、二五二頁。

（4）BVerfGE 65, 1. 判決の概要は、鈴木庸夫・藤原静雄「西ドイツ連邦憲法裁判所の国勢調査判決（上・下）」『ジュリスト』八一七号、一九八四年、六四頁・八一八号、一九八四年、七六頁。

（5）エドウィン・ブラック（小川京子訳、宇京頼三監修）『ＩＢＭとホロコースト――ナチスと手を結んだ大企業』柏書房、二〇〇一年、六九―七二頁。

（6）ハンナ・アレント（志水速雄訳）『人間の条件』ちくま学芸文庫、一九九四年、六〇―六一頁。

（7）阪本昌成『プライヴァシー権論』日本評論社、一九八六年、三―四頁。

（8）William L. Prosser, Privacy, *California Law Review*, vol. 48, no. 3, 1960, p. 383.

（9） Daniel Solove, *Understanding Privacy*, Harvard University Press, 2008, pp. 104–105.
（10） Lawrence Lessig, *Code Version 2.0*, Basic Books, 2006, pp. 122–123.
（11） 最判平成二〇年三月六日民集六二巻三号六六五頁。
（12） 山本龍彦『プライバシーの権利を考える』信山社、二〇一七年、五四頁。
（13） Alan F. Westin, *Privacy and Freedom*, Atheneum, 1967, p. 339.
（14） Richard A. Posner, The Right of Privacy, *Georgia Law Review*, vol. 12, no. 3, 1978, p. 393.
（15） Cass R. Sunstein, *Why Nudge?*, Yale University Press, 2015, p. 123.

### 第2章

（1） 末延三次「英米法における秘密の保護」戒能通孝・伊藤正己編『プライヴァシー研究』日本評論社、一九六二年、四四頁。
（2） https://www.constituteproject.org/search?lang=en&key=privacy&status=in_force 二〇二〇年九月時点。
（3） Samuel D. Warren & Louis D. Brandeis, The Right to Privacy, *Harvard Law Review*, vol. 4, no. 5, 1890, p. 19.
（4） Letter from Louis D. Brandies to Alice Goldmark, November 29, 1890, in *Letters of Louis D. Brandeis: Vol. I, 1870–1907, Urban Reformer*, Melvin I. Urofsky & David W. Levy（eds.）, SUNY Press, 1971, pp. 94–95.
（5） 東京地判昭和三九年九月二八日下民集一五巻九号二三一七頁。
（6） 『毎日新聞』一九六一年四月二四日、同年四月二五日、同年五月一一日、同年五月一二日、同年五月二六日、同年五月二七日。
（7） 伊藤正己『プライバシーの権利』岩波書店、一九六三年、二三頁。

（8）最判昭和五六年四月一四日民集三五巻三号六二〇頁。
（9）最大判昭和六三年六月一日民集四二巻五号二七七頁。
（10）最判昭和六三年一二月二〇日集民一五五号三七七頁。
（11）伊藤正己『裁判官と学者の間』有斐閣、一九九三年、一八頁。
（12）戒能通孝・伊藤正己編『プライヴァシー研究』日本評論社、一九六二年、一五二頁。
（13）末川博『権利侵害論』日本評論社、一九四九年。
（14）佐藤幸治「プライヴァシーの権利（その公法的側面）の憲法論的考察」『法学論叢』八六巻五号、一九七〇年、一六頁。
（15）五十嵐清『人格権法概説』有斐閣、二〇〇三年、一〇頁。
（16）藤岡康宏「日本型不法行為法モデルの提唱」『法律時報』七八巻八号、二〇〇六年。
（17）最大判昭和六一年六月一一日民集四〇巻四号八七二頁。
（18）最判平成一五年九月一二日民集五七巻八号九七三頁。
（19）最判平成二九年一〇月二三日判時二三五一号七頁。
（20）Alan F. Westin, *Privacy and Freedom*, Atheneum, 1967, p. 7.
（21）堀部政男『現代のプライバシー』岩波新書、一九八〇年、五二—五八頁。
（22）佐藤幸治「プライヴァシーの権利（その公法的側面）の憲法論的考察」『法学論叢』八六巻五号、一九七〇年、一四頁。
（23）佐藤幸治『日本国憲法論（第二版）』成文堂、二〇二〇年、二〇三頁。
（24）大阪高判平成一八年一一月三〇日判時一九六二号一一頁。

(25) 仙台高裁平成二八年二月二日判時二二九三号一八頁。
(26) たとえば、沖縄県個人情報保護条例前文、野田市個人情報保護条例第五条の二など。
(27) 増森珠美「住民基本台帳ネットワークシステムにより行政機関が住民の本人確認情報を収集、管理又は利用する行為と憲法一三条」『法曹時報』六二巻一一号、一六四頁。
(28) 園部逸夫・藤原靜雄編『個人情報保護法の解説(第二次改訂版)』ぎょうせい、二〇一八年。
(29) 最大判昭和四四年一二月二四日刑集二三巻一二号一六二五頁。
(30) 最判平成七年一二月一五日刑集四九巻一〇号八四二頁。
(31) 最判平成二〇年三月六日民集六二巻三号六六五頁。
(32) 最大判平成二九年三月一五日刑集七一巻三号一三頁。
(33) 最判平成一一年一二月一六日刑集五三巻九号一三二七頁。
(34) 最判平成七年九月五日集民一七六号五六三頁。
(35) 最判平成一五年九月一二日民集五七巻八号九七三頁。
(36) 最判平成二九年一〇月二三日判時二三五一号七頁。
(37) 大阪高判平成一九年六月二一日 2007WLJPCA06216008.
(38) 最判平成一四年九月二四日集民二〇七号二四三頁。
(39) 最判平成一五年三月一四日民集五七巻三号二二九頁。
(40) 最判令和二年一〇月九日、裁判所ホームページ。
(41) たとえば二〇一五年に起きた川崎市立中学生の殺害事件におけるツイッターなどによる情報拡散の事例。
(42) 最判平成一七年一一月一〇日民集五九巻九号二四二八頁。

(43) 東京地判平成一〇年一一月三〇日判時一六八六号六八頁。
(44) Thomas Nagel, *Concealment and Exposure*, Oxford University Press, 2002, p. 20.
(45) Laurence H. Tribe, *American Constitutional Law* $2^{\text{nd}}$ ed., Foundation Press, 1988, p. 1302.
(46) 宮下紘『プライバシー権の復権』中央大学出版部、二〇一五年、二九五頁。

### 第3章

(1) 第一九八回国会衆議院法務委員会第一三号、平成三一年四月二六日、政府参考人答弁。
(2) 佐藤鉄男「情報としての倒産公告の意義と問題点」『中央ロー・ジャーナル』一四巻三号、二〇一七年、八七頁。また、宮下紘「個人情報取扱事業者等の新たな教務」『ジュリスト』一五五一号、二〇二〇年、三九頁。
(3) 総務庁行政管理局・行政情報システム参事官室監修『逐条解説個人情報保護法』第一法規出版、一九八九年、五六―五七頁。
(4) Peter Hustinx, European Leadership in Privacy and Data Protection, in *Hacia un Nuevo Derecho Europeo de Protección de Datos*, Artemi Rallo Lombarte & Rosario García Mahamut (eds.), Tirant lo Blanch, 2015, p. 15.
(5) Case C-582/14, *Patrick Breyer v. Bundesrepublik Deutschland*.
(6) 第一八九回国会衆議院内閣委員会、平成二七年三月二五日、政府参考人答弁。
(7) President's Council of Advisors on Science and Technology, *Big Data and Privacy: A Technological Perspective*, May 2014.
(8) Ｓｕｉｃａに関するデータの社外への提供についての有識者会議「Ｓｕｉｃａに関するデータの社外へ

の提供について　中間とりまとめ」二〇一四年二月。
（9）　大阪高判平成二七年一〇月一五日判時二二九二号三〇頁。
（10）　個人情報保護委員会「個人情報の保護に関する法律についてのガイドライン（通則編）」参照。
（11）　最判平成一七年七月一九日民集五九巻六号一七八三頁。
（12）　東京地判平成一九年六月二七日判時一九七八号二七頁。
（13）　東京高裁令和二年三月二五日 LEX-DB25566660.
（14）　川島武宜『日本人の法意識』岩波新書、一九六七年、二八頁。

第４章

（1）　ECtHR, *S and Marper v. United Kingdom*, 4 December 2008.
（2）　ECtHR, *Weber and Saravia v. Germany*, 29 June 2006/*Big Brother Watch and Others v. United Kingdom*, 13 September 2018.
（3）　Special Rapporteur, Louis Joinet, Final report on Guidelines for the Regulation of Computerized Personal Data Files, 21 July 1988.
（4）　Graham, Greenleaf, Global Data Privacy Laws 2019: 132 National Laws & Many Bills, *Privacy Laws & Business International Report*, vol. 157, February 2019, pp. 14–18.
（5）　Anu Bradford, *The Brussels Effect*, Oxford University Press, 2020, p. 1.
（6）　Case C-212/13, *František Ryneš v. Úřad pro ochranu osobních údajů*.
（7）　Case C-673/17, *Bundesverband der Verbraucherzentralen und Verbraucherverbände - Verbraucherzentrale*

*Bundesverband e.V. v. Planet49 GmbH.*

（8） IAPP, Spanish DPA fines La Liga 250K Euros for alleged GDPR violation, 11 June 2019（AEPD, Procedimiento N°: PS/00326/2018）.

（9） EDPB, Austrian DPA fines controller in the medical sector, 12 August 2019; EDPB, Belgian DPA imposes €20.000 fine on Proximus for several data protection infrigements, 20 August 2020.

（10） Mobike Faces Probe by Berlin Data Protection Regulator, *Financial Times*, 9 December 2018.

（11） Henry Farrell & Abraham Newman, The Transatlantic Data War, *Foreign Affairs*, January/February 2016, Issue.

（12） Case C-362/14, *Maximillian Schrems v. Data Protection Commissioner*.

（13） Case C-311/18, *Data Protection Commissioner v. Facebook Ireland and Maximillian Schrems*.

（14） Presidential Policy Directive 28（PPD-28）.

（15） Koen Lenaerts, Limits on Limitations: The Essence of Fundamental Rights in the EU, *German Law Journal*, vol. 20, 2019, p. 782.

（16） James Q. Whitman, The Two Western Cultures of Privacy: Dignity versus Liberty, *Yale Law Journal*, vol. 113, iss. 6, 2004.

（17） 宮下紘『プライバシー権の復権』中央大学出版部、二〇一五年、七七頁。

（18） Case C-131/12, *Google Spain SL and Google Inc. v. Agencia Española de Protección de Datos*（*AEPD*）*and Mario Costeja González*.

（19） Jonathan Zittrain, Don't Force Google to 'Forget', *The New York Times*, May 14, 2014.

（20）Case C-507/17, *Google v. CNIL*.

（21）さいたま地決平成二七年一二月二二日判時二二八二号七八頁。

（22）東京高決平成二八年七月一二日民集七一巻一号八二頁。

（23）最決平成二九年一月三一日民集七一巻一号六三頁。

（24）最判平成一五年三月一四日民集五七巻三号二二九頁。

（25）*United States v. Microsoft*, 138 S. Ct. 1186 (2018).

（26）*In the Matter of a Warrant to Search a Certain E-Mail Account Controlled and Maintained by Microsoft Corporation*, N.Y.S.D. 13 Mag 2814 (2014).

（27）829 F. 3d 197 (2d Cir. 2016).

（28）1 BvR 2835/17.

## 第5章

（1）ミシェル・フーコー（田村俶訳）『監獄の誕生』新潮社、一九七七年、二〇七頁。

（2）接触確認アプリに関する有識者検討会合「「接触確認アプリ及び関連システム仕様書」に対するプライバシー及びセキュリティ上の評価及びシステム運用上の留意事項」二〇二〇年五月二六日。

（3）最大判平成二九年三月一五日刑集七一巻三号一三頁。

（4）Council of Europe, *Legislation and Data Protection*, 1983, p. 18. シミータスの発言。

（5）Case C-518/07, *European Commission v. Federal Republic of Germany*.

（6）Case C-614/10, *European Commission v. Republic of Austria*.

（7）アン・カブキアン（堀部政男／一般財団法人日本情報経済社会推進協会（ＪＩＰＤＥＣ）編・ＪＩＰＤＥＣ訳）『プライバシー・バイ・デザイン』日経ＢＰ、二〇一二年。
（8）BGH, Urteil vom 15. 5. 2018-VI ZR 233/17.
（9）小山剛「なぜ「情報自己決定権」か」全国憲法研究会編『日本国憲法の継承と発展』三省堂、二〇一五年、三二〇頁。
（10）国立国会図書館　調査及び立法考査局「生体認証技術の動向と活用」二〇一九年三月、二頁。
（11）最判昭和六三年二月一六日民集四二巻二号二七頁。
（12）*R* (*Bridges*) *v. Chief Constable of South Wales Police & Ors*, 11 August 2020.
（13）EDPB, Facial recognition in school renders Sweden's first GDPR fine, 22 August 2019.
（14）EDPS, Orientations from the EDPS: Body temperature checks by EU institutions in the context of the COVID-19 crisis, 1 September 2020.
（15）小塚壮一郎『ＡＩの時代と法』岩波新書、二〇一九年、一二四頁。
（16）EDPB, Guidelines on Automated individual decision-making and Profiling for the purposes of Regulation 2016/679 (wp251rev.01).
（17）Shoshana Zuboff, *The Age of Surveillance Capitalism*, Public Affairs, 2019.
（18）本節は、宮下紘「巨大さの呪縛と個人の「尊重」」論座、二〇一九年三月一二日に基づいています。
（19）杉本和行『デジタル時代の競争政策』日本経済新聞出版社、二〇一九年、一三六頁。

※書籍の性格上、注は最小限にとどめさせていただきました。

# あとがき

本書の執筆が決まってから約三年が経過してしまいました。筆者の遅筆の責任にほかなりません。

しかし、本書の公刊が遅れた言い訳に聞こえてしまいそうですが、この三年間を見るだけでもプライバシーと個人情報保護をめぐる環境は大きく変化しました。これらの変化を捉えることなしに、プライバシー権全般を対象としたテーマの書籍化は困難でした。

たとえば、二〇一八年五月には、一般データ保護規則(GDPR)が適用開始となり、その後二〇一九年一月には、日EU間で相互にデータ移転をするための枠組みが発効しました。二〇一八年にはアメリカ・カリフォルニア州消費者プライバシー法が成立し、アメリカ国内でも連邦法に向けた気運が高まっていきました。そして、日本では二〇二〇年六月に個人情報保護法が改正され、二〇二一年には官民の共通の法制度に向けた法案が準備されています。この間にもプライバシーや個人情報をめぐる象徴的な事件がいくつか起きたことは、本書で紹介したとおりです。

　また、本書の執筆段階で、ドイツの大学において一年間の在外研究の機会を得ることができ、GDPRとともにドイツのデータ保護法について多くの新たな知見に接してきました。ドイツでの生活の拠点は、世界で初めてデータ保護法が整備されたヘッセン州に置き、日常生活の中でドイツ的プライバシーの意識の高さに接することができました。たとえば、街中にも防犯カメラを見つけることは困難でしたし、日常のサービスや買い物の際にも個人データの取扱いについて説明を詳しく受けたことがありました。

　それとは対照的だったのが、プライバシー権の発祥地とされるアメリカ・マサチューセッツ州での在外研究の経験でした。そこで接した学生たちは、SNSで自身の事柄を頻繁にアップロードし、ドイツや日本の学生たちと比べて私事をさらけ出すことに非常におおらかな印象を受けました。またアメリカでは、日常生活において個人データを提供し様々な企業からの広告が頻繁に来たことを記憶しています。大学でプライバシーについて論じると、学生たちはすぐに表現の自由をもって反論してきたことも印象的でした。

　その意味では、プライバシーが文化的産物であるというのは確かにそのとおりであり、プライバシーの意識についてドイツとアメリカとの大きな違いを感じ取ることができました。このプライバシーの意識が、結局のところ法に反映されているのだと思います。

法的規制にはすぐに馴染む事柄とそうでない事柄があります。たとえば、選挙の年齢を二〇歳から一八歳に変更するという内容の立法は、その法律が変わればその日から国民の意識もすぐに変わります。しかし、性別に関する平等や宗教行事のあり方といった長年の慣行と日本の文化を反映した事柄については、法が改正されても、ただちに社会が変わるとは限りません。プライバシーは後者に属する法規制の問題です。

そのため、プライバシーをめぐる問題について、単に法制度や個々の条文解釈によって必ずしもすっきりと解決するわけではありません。法改正をしても、プライバシーや個人情報に対する意識が、改正した日をもって大きく変わるわけでもありません。

だからこそ、プライバシーや個人情報をめぐる実践的課題の解決には、プライバシーという権利の本質についての冷静な理解が求められるのです。

世界的な動向を見渡せば、従来、プライバシー権の議論はほぼアメリカが独占していましたが、その勢力図にも大きな変化が見られ、ＧＤＰＲの適用に伴い、ヨーロッパがプライバシー権の議論の主導権を握るようになりました。代表的なアメリカのプライバシー研究者がＧＤＰＲ解説書を公刊したり、アメリカで注目されるプライバシー権の議論がヨーロッパでの学術的議論に依拠していたりすることなどからも、この動向を理解することができます。

本書では、このような学術的実務的な地殻変動に留意しつつも、アメリカとヨーロッパとの間に現存する緊張関係を読み解きつつ、日本の法制度の立ち位置を各自が考えることができるように読者に示したつもりです。いずれにしても、外来語としてのプライバシー権が日本に根付くためには、日本なりのプライバシー権の思想を探り当てることがますます重要になってきていると思います。

本書の公刊にあたり、多くの方々のご指導とご支援をいただき、ここに謝意を記したいと思います。最後に本書の編集を行っていただいた、岩波書店編集部中山永基氏に感謝申し上げます。

二〇二一年一月

宮下　紘

# 参考文献一覧

〈プライバシー権について〉
伊藤正己『プライバシーの権利』岩波書店、一九六三年
榎原猛編『プライバシー権の総合的研究』法律文化社、一九九一年
阪本昌成『プライヴァシー権論』日本評論社、一九八六年
佐藤幸治『現代国家と人権』有斐閣、二〇〇八年
實原隆志『情報自己決定権と制約法理』信山社、二〇一九年
新保史生『プライバシーの権利の生成と展開』成文堂、二〇〇一年
ダニエル・J・ソローヴ、大谷卓史訳『プライバシーの新理論――概念と法の再考』みすず書房、二〇一三年
ダニエル・J・ソロブ、大島義則ほか訳『プライバシーなんていらない!?』勁草書房、二〇一七年
堀部政男『プライバシーと高度情報化社会』岩波新書、一九八八年
堀部政男『現代のプライバシー』岩波新書、一九八〇年
宮下紘『プライバシー権の復権――自由と尊厳の衝突』中央大学出版部、二〇一五年
村上康二郎『現代情報社会におけるプライバシー・個人情報の保護』日本評論社、二〇一七年
山本龍彦『プライバシーの権利を考える』信山社、二〇一七年

〈プライバシー権に関する各論について〉
アン・カブキアン著、堀部政男・一般財団法人日本情報経済社会推進協会(JIPDEC)編、JIPDEC訳『プライバシー・バイ・デザイン――プライバシー情報を守るための世界的新潮流』日経BP社、二〇一二年
指宿信編著『GPS捜査とプライバシー保護』現代人文社、二〇一八年
奥田喜道編著『ネット社会と忘れられる権利』現代人文社、二〇一五年
瀬戸洋一ほか『プライバシー影響評価PIAと個人情報保護』中央経済社、二〇一〇年
高崎晴夫『プライバシーの経済学』勁草書房、二〇一八年
田島泰彦ほか編著『表現の自由とプライバシー――憲法・民法・訴訟実務の総合的研究』日本評論社、二〇〇六年
佃克彦『プライバシー権・肖像権の法律実務(第三版)』弘文堂、二〇二〇年
中川裕志『プライバシー保護入門――法制度と数理的基礎』勁草書房、二〇一六年
堀部政男編著『プライバシー・個人情報保護の新課題』商事法務、二〇一〇年
升田純『現代社会におけるプライバシーの判例と法理――個人情報保護型のプライバシーの登場と展開』青林書院、二〇〇九年
松尾剛行『最新判例にみるインターネット上のプライバシー・個人情報保護の理論と実務』勁草書房、二〇一七年
宮下紘『ビッグデータの支配とプライバシー危機』集英社新書、二〇一七年
宮下紘『事例で学ぶプライバシー』朝陽会、二〇一六年

〈個人情報保護法について〉

宇賀克也『個人情報の保護と利用』有斐閣、二〇一九年
宇賀克也『個人情報保護法制』有斐閣、二〇一九年
宇賀克也『個人情報保護法の逐条解説〔第六版〕』有斐閣、二〇一八年
宇賀克也『個人情報保護の理論と実務』有斐閣、二〇〇九年
岡村久道『個人情報保護法〔第三版〕』商事法務、二〇一七年
岡本正ほか編著『自治体の個人情報保護と共有の実務』ぎょうせい、二〇一三年
行政管理庁行政管理局『プライバシー保護の現状と将来』ぎょうせい、一九八二年
個人情報保護研究会編『個人情報保護の実務』第一法規、二〇〇三年
総務省行政管理局監修・社団法人行政情報システム研究所編『行政機関等個人情報保護法の解説〔増補版〕』ぎょうせい、二〇〇五年
園部逸夫・藤原静雄編、個人情報保護法制研究会『個人情報保護法の解説〔第二次改訂版〕』ぎょうせい、二〇一八年
多賀谷一照『要説個人情報保護法』弘文堂、二〇〇五年
辻畑泰喬『図解いちばんよくわかる最新個人情報保護法』日本実業出版社、二〇一七年
西村あさひ法律事務所編、太田洋ほか編著『個人情報保護法制大全』商事法務、二〇二〇年
日置巴美・板倉陽一郎『個人情報保護法のしくみ』商事法務、二〇一七年
藤原静雄『逐条個人情報保護法』弘文堂、二〇〇三年
宮下紘『個人情報保護の施策――「過剰反応」の解消に向けて』朝陽会、二〇一〇年

〈プライバシー・個人情報保護の国際動向について〉

石井夏生利『個人情報保護法の現在と未来――世界的潮流と日本の将来像』勁草書房、二〇一七年
クリス・フーフナグル、宮下紘ほか訳『アメリカプライバシー法――連邦取引委員会の法と政策』勁草書房、二〇一八年
小向太郎・石井夏生利『概説GDPR――世界を揺るがす個人情報保護制度』NTT出版、二〇一九年
C・J・ベネット、江夏健一監修、土屋彰久訳『プライバシー保護と行政の対応――欧米四カ国の国際比較』文眞堂、一九九四年
庄司克宏編『インターネットの自由と不自由――ルールの視点から読み解く』法律文化社、二〇一七年
武邑光裕『さよなら、インターネット――GDPRはネットとデータをどう変えるのか』ダイヤモンド社、二〇一八年
名和小太郎『個人データ保護――イノベーションによるプライバシー像の変容』みすず書房、二〇〇八年
平松毅『個人情報保護――理論と運用』有信堂、二〇〇九年
堀部政男・新保史生・野村至『OECDプライバシーガイドライン――三〇年の進化と未来』JIPDEC、二〇一四年
皆川治廣『プライバシー権の保護と限界論――フランス法研究』北樹出版、二〇〇〇年
宮下紘『EU一般データ保護規則』勁草書房、二〇一八年
森大樹編『日米欧 個人情報保護・データプロテクションの国際実務』商事法務、二〇一七年
ローレンス・レッシグ、山形浩生訳『CODE VERSION 2.0』翔泳社、二〇〇七年

宮下 紘

中央大学総合政策学部准教授.
2007年, 一橋大学大学院法学研究科博士課程修了. 内閣府国民生活局個人情報保護推進室政策企画専門職, 駿河台大学法学部専任講師等を経て現職.
専攻―憲法, 情報法.
著書―『EU一般データ保護規則』(勁草書房, 2018年), 『ビッグデータの支配とプライバシー危機』(集英社新書, 2017年), 『事例で学ぶプライバシー』(朝陽会, 2016年), 『プライバシー権の復権――自由と尊厳の衝突』(中央大学出版部, 2015年)ほか.

プライバシーという権利
――個人情報はなぜ守られるべきか　岩波新書(新赤版)1868

2021年2月19日　第1刷発行

著　者　宮《みや》下《した》 紘《ひろし》

発行者　岡本 厚

発行所　株式会社 岩波書店
〒101-8002 東京都千代田区一ツ橋 2-5-5
案内 03-5210-4000　営業部 03-5210-4111
https://www.iwanami.co.jp/

新書編集部 03-5210-4054
https://www.iwanami.co.jp/sin/

印刷・理想社　カバー・半七印刷　製本・中永製本


ISBN 978-4-00-431868-2　Printed in Japan

# 岩波新書新赤版一〇〇〇点に際して

ひとつの時代が終わったと言われて久しい。だが、その先にいかなる時代を展望するのか、私たちはその輪郭すら描きえていない。二〇世紀から持ち越した課題の多くは、未だ解決の緒を見つけることのできないままであり、二一世紀が新たに招きよせた問題も少なくない。グローバル資本主義の浸透、憎悪の連鎖、暴力の応酬——世界は混沌として深い不安の只中にある。

現代社会においては変化が常態となり、速さと新しさに絶対的な価値が与えられた。消費社会の深化と情報技術の革命は、種々の境界を無くし、人々の生活やコミュニケーションの様式を根底から変容させてきた。ライフスタイルは多様化し、一面では個人の生き方をそれぞれが選びとる時代が始まっている。同時に、新たな格差が生まれ、様々な次元での亀裂や分断が深まっている。社会や歴史に対する意識が揺らぎ、普遍的な理念に対する根本的な懐疑や、現実を変えることへの無力感がひそかに根を張りつつある。そして生きることに誰もが困難を覚える時代が到来している。

しかし、日常生活のそれぞれの場で、自由と民主主義を獲得し実践することを通じて、私たち自身がそうした閉塞を乗り超え、希望の時代の幕開けを告げてゆくことは不可能ではあるまい。そのために、いま求められていること——それは、個と個の間で開かれた対話を積み重ねながら、人間らしく生きることの条件について一人ひとりが粘り強く思考することではないか。その営みの糧となるものが、教養に外ならないと私たちは考える。歴史とは何か、よく生きるとはいかなることか、世界そして人間はどこへ向かうべきなのか——こうした根源的な問いとの格闘が、文化と知の厚みを作り出し、個人と社会を支える基盤としての教養となった。まさにそのような教養への道案内こそ、岩波新書が創刊以来、追求してきたことである。

岩波新書は、日中戦争下の一九三八年一一月に赤版として創刊された。創刊の辞は、道義の精神に則らない日本の行動を憂慮し、批判的精神と良心的行動の欠如を戒めつつ、現代人の現代的教養を刊行の目的とする、と謳っている。以後、青版、黄版、新赤版と装いを改めながら、合計二五〇〇点余りを世に問うてきた。そして、いままた新赤版が一〇〇〇点を迎えたのを機に、人間の理性と良心への信頼を再確認し、それに裏打ちされた文化を培っていく決意を込めて、新しい装丁のもとに再出発したいと思う。一冊一冊から吹き出す新風が一人でも多くの読者の許に届くこと、そして希望ある時代への想像力を豊かにかき立てることを切に願う。

（二〇〇六年四月）